Henning Böhme

Wanderungen durch die Mecklenburger Seenplatte

Bruckmann

Ein Stück Finnland mitten in Deutschland

Bei Betrachtung der Karte ist man geneigt, das Urteil über Finnland, *»Land der tausend Seen«*, auf Mecklenburg zu übertragen. Der Mühe, hier alle Seen zu zählen, hat sich wohl noch niemand unterzogen. Das scheitert allein auch schon daran, daß viele mit Flüßchen, schmalen Wasserarmen und Kanälen ineinander übergehen, so daß es schwer wird, Fluß von See zu unterscheiden – für Paddel- und Kanufahrer freilich ideale Bedingungen. Insgesamt wird die Zahl der Seen auf 2000 geschätzt, also »noch etwas mehr als in Finnland«.

Diese Synthese von Land und Wasser ist das *Ergebnis der Eiszeit.* Mecklenburg lag am Rand des hier »nur« 1000 Meter dicken Eises und wurde von dessen Grund- und Endmoränen gestaltet. Im Sommer, wenn das Oberflächeneis abtaute, stürzten die Schmelzwasser in Gletscherspalten, bildeten unter dem Eis Strudeltöpfe aus und hinterließen lange Rinnen. Am Eisrand kam es dann wieder zu Aufstauungen an den Endmoränen. So entstanden die großen Beckenseen der *Müritz*, des *Schweriner* und *Plauer Sees* und die Rinnenseen wie der *Schmale Luzin*. Also: »Vielen Dank, liebe Eiszeit!«

Bootsbetrieb auf dem Menowsee

Mecklenburger Residenzen

Die Geschichte der *mecklenburgischen Herzogtümer* ist durch ein Auf und Ab gekennzeichnet. In der Zeit der Hanse konnten sie nicht gegen deren starke Wirtschaftskraft aufkommen. Erbteilungen schwächten ihre absolutistische Macht, die sich nur im 16. Jahrhundert vorübergehend festigte. Der Dreißigjährige Krieg entmachtete sie für drei Jahre, als sie ihr Land *Wallenstein* überlassen mußten. Dieser leitete weitsichtige Reformen ein, die aber wieder aufgehoben wurden, als die Herzöge mit dem Kriegseintritt des Schwedenkönigs *Gustav Adolf* zurückkehrten. Landesteilungen ließen neue Residenzen entstehen. Mit den Ständen lagen sie bis 1755 im Streit. Der Siebenjährige Krieg brachte Plünderungen und Kontributionen. Nur von 1815 bis 1918 erstarkte die Macht der Herzöge, was gleichzeitig den Fortschritt bremste, die anachronistische Ständeordnung bewahrte und die Herzogtümer ohne Verfassung der fürstlichen Macht überließ.

Daher treffen wir die drei Residenzen Schwerin, Güstrow und Neustrelitz in unterschiedlichem Stil an. Glanzstück ist fraglos die Burginsel von *Schwerin*, wo der alte Renaissancekern durch Zu- und Umbauten zu einem Schloß großer Pracht und stilistisch verwirrender Vielfalt umgestaltet wurde. Dagegen zeichnet sich das *Güstrower Schloß* (1558–1594) durch Geschlossenheit im Stil der Hochrenaissance aus. Nach 1631 wurde der unter

Der Hebetempel im Schloßpark Neustrelitz

Wallenstein errichtete Flügel wieder abgerissen. Von *Neustrelitz* ist heute nur noch ein Torso übrig, obwohl die Anlage einst die ausgedehnteste aller drei Residenzen war. Am Ende des Zweiten Weltkrieges fiel das Schloß einem Brand zum Opfer. Demgegenüber stellt der weitläufige Schloßpark mit seinen Skulpturen und der Götterallee ein Gartenparadies dar.

Vom statischen zum mobilen Tourismus

1793 wurde in Heiligendamm an der Ostseeküste das erste Seebad Europas gegründet. Bädertourismus entstand in Mecklenburg ein halbes Jahrhundert später, im Kurort Krakow am See und in Plau. Zu jenen Zeiten war es üblich, mehrere Wochen fest am Ort zu bleiben, schon um die aufwendige, kofferfüllende Mode zeigen zu können. Es war ein *statischer Tourismus*. Dieser setzte sich auch unter den Diktaturen fort. Die Nazis organisierten »Kraft-durch-Freude-Ferien«, und in DDR-Zeiten wurden beispielsweise in das 5000 Einwohner zählende Krakow in der Saison 30000 Feriengäste in Betriebsheime »eingewiesen«.

Gegenüber diesem statischen Tourismus ist die heutige Urlaubsgestaltung bei einem ausgedehnten Personenkreis sehr *mobil* und *flexibel*. Radfahren und Wandern sind Ausdruck moderner Beweglichkeit. Ideales Vagabundieren wäre das Wandern von Ort zu Ort. Aber die Quartierfrage läßt das nicht immer zu. So werden in diesem Buch unter anderem fünf Rundtouren und als *zentrale Orte* Güstrow, Waren und Neustrelitz angeboten, von wo aus man die meisten Touren mit Bahn oder Bus anvisieren kann.

Dichter und Maler in Mecklenburg

Nein, so hinterwäldlerisch, wie es manche behaupten, ist Mecklenburg nun wirklich nicht! Im Gegenteil: selbst unter den ungünstigen Bedingungen der Fürstenherrlichkeit sowie der braunen und roten Diktaturen haben sich Künstler, die überregionalen Ruhm erlangten, entwickeln und behaupten können: *Fritz Reuter* (»Ut mine Stromtid«, 1864), *John Brinkmann* (1814–1870) und in unserem Jahrhundert *Hans Fallada* (»Kleiner Mann, was nun?«, 1932), *Ehm Welk* (»Die Heiden von Kumerow«), *Uwe Johnson* (»Alptraum der Propheten«, eine satirische Vorwegnahme der Wendefolgen), schließlich *Walter Kempowski, Günter Kunert* und *Rolf Schneider*. Unter den mecklenburgischen Malern haben die beiden Romantiker *Philipp Otto Runge* (geboren in Wolgast) und *Caspar David Friedrich* (1774–1840) Weltruhm erlangt. Am härtesten mußten ihren Widerstand gegen die Ideologien *Otto Niemeyer-Holstein* (1892–1984) und vor allem *Ernst Barlach* (1870–1938) bezahlen. Barlach, der Bildhauer des Leides, Bittens und Flehens, mußte kurz vor seinem Tod erleben, wie sein »schwebender Engel« im Güstrower Dom als »entartete Kunst« entfernt und später eingeschmolzen wurde.

1 SCHWERIN UND SEIN SEE

Was Schwerin so reizvoll macht, ist seine Lage inmitten von elf Seen. Besonders am Burgsee und an der Schloßinsel kommt eine hervorragende Synthese aus Wasserlandschaft und Architektur zustande. Hamburger vergleichen den Pfaffenteich mit der Binnen- und den Ziegelsee mit der Außenalster, folgerichtig den Spieltordamm mit der Lombardsbrücke. Schwerin – bis 1918 Residenz, bis 1952 und wieder seit 1990 Landeshauptstadt: Das spürt man am Alten Garten so greifbar wie nur noch in Dresden. Alles steht dicht beieinander: drei Ministerien, Staatskanzlei, Staatstheater und Gemäldegalerie und davor der Glanzpunkt: das Schloß.

INFO ZUR TOUR

Tourencharakter:
Ausgiebige, mehrstündige Stadtwanderung mit viel Geschichte und Architektur. Anschließend erholsamer Spaziergang am Südufer des Schweriner Sees mit Bademöglichkeit.

Weglänge: 16 km.

Gesamtgehzeit:
4 Std.; mit Besichtigungen 8–9 Std.

Anstiege: Keine.

Markierung:
Straßennamen überall ausgeschildert; »Ww«.

Blick über den Burgsee zu Dom und Staatstheater von Schwerin

Märchenschloß in einer Park-Seen-Landschaft

Wir beginnen unsere Wanderung durch **Schwerin** am *Pfaffenteich*, der »Binnenalster« Schwerins, z.B. am *Denkmal Heinrichs von Stephan*, des Begründers des Weltpostvereins. Von hier hat man einen schönen Blick über den See zum Dom mit seinem hohen Turm. Unser nächstes Ziel, das ehemalige *Arsenal*, in welchem sich jetzt das Innenministerium befindet, kann man am Ende des rechten Seeufers bereits erkennen. Der weiße Turm des im englischen Tudorstil errichteten Baus überragt die Kastanienalleen, die die Ufer säumen. Wir gelangen hierher durch die *Karl-Marx-Straße*. Vom *Arsenal* biegen wir links ein Stück um den Pfaffenteich. Hier steht eine lustige Skulptur: Kinder unter einem Regenschirm. Dann gehen wir rechts in die belebte Fußgängerzone, die *Mecklenburgstraße*. Vorbei am Postgebäude laufen wir ca. 200 Meter bis zur Kreuzung mit der *Schmiedestraße*, der wir nach links zum Markt folgen.

Den **Markt** umstehen schöne Fassaden, vor allem das 1835 im Tudorstil erbaute *Rathaus*, ganz in Weiß, und daneben das *Neue Historische Museum*, die einstige Markthalle, mit klassizistischer Säulenvorhalle. Hinter ihm erhebt sich der *Dom St. Maria und St. Johannes*, nach zwei Vorgängerkirchen immer noch der älteste Bau der Stadt. Seine Baugeschichte beginnt mit dem Jahr 1270. Ältester Teil ist die *Paradiespforte* aus einem romanischen Vorgängerbau, der von 1171 bis 1248 entstand.

Der Schweriner Marktplatz

Über die *Schusterstraße* kommen wir zur *St. Annen-Kirche*. Dann laufen wir links durch die leicht abschüssige *Schloßstraße*. Zu beiden Seiten befinden sich Ministerien des Landes: links das *Finanzministerium* und rechts in einem klassizistischen Gebäude das *Umweltministerium* und die Industrie- und Handelskammer. Hoffentlich vertragen sich beide gut miteinander. Nach dem Palais der *Staatskanzlei*, in welcher der Ministerpräsident residiert, öffnet sich links der *Alte Garten* als weiter Platz.

Hier befinden wir uns nun an einem zentralen Repräsentationspunkt der Stadt Schwerin. Links steht das *Staatstheater* und rechts die *Gemäldegalerie* auf erhöhtem Untergrund. Am Fuß der Nationalgalerie befindet sich die Anlegestelle der »Weißen Flotte«. Über die *Schloßbrücke*, die zwei Rossebändiger schmücken, gelangen wir auf die **Schloßinsel** mit dem fünfeckigen, stark gegliederten Schloß, das alte und neue Renaissance verbindet.

Das Schloß zu Schwerin

Für den unvorbereiteten Besucher hat es im ersten Augenblick mit seinen vielen Türmen etwas Märchenhaftes an sich. Doch der Eindruck täuscht; der Gebäudekomplex wurde auf dem fünfeckigen Grundriß des alten Schlosses aus dem 16. Jahrhundert errichtet. Mehrere alte Gebäude blieben auf Wunsch des Bauherrn, des Großherzogs, erhalten: so das *Große Neue Haus* mit einem Terrakottadekor des Lübeckers Statius von Düren (1553–1555), das *Bischofshaus* und die *Schloßkirche* (1560–1563). Sie stehen alle seeseitig in Richtung auf den Schweriner See. Die übrigen Bauteile wurden 1843 abgerissen, als das Schloß nach Entwürfen von Georg Adolph Demmler radikal umgebaut und erneuert wurde. Besonders das Loireschloß Chambord im Stil der französischen Renaissance, die Semperarchitektur Dresdens und Entwürfe von Stüler aus Berlin standen bei dem Neubau Pate. Das Ergebnis einer so komplexen Baugeschichte ist überraschenderweise doch eine gewisse Einheitlichkeit im Stil des Historismus, wobei Echtes und Nachgeahmtes ineinander übergehen. Am Eingang flankieren zwei hohe »Loire-Türme« eine Exedra, in welcher Niklot hoch zu Roß sitzt. Er wird als Begründer des Herzogtums Mecklenburg angesehen, auch wenn er 1160 von Heinrich dem Löwen besiegt wurde und sein Sohn Pribislaw sich unterwarf. Seit 1974 wurde viel restauriert, z.B. der Thronsaal, so daß sich eine Besichtigung lohnt.

Das künstlerische Urteil über das Schloß Schwerin ist geteilt: Vom Vorwurf »Neuschwanstein läßt grüßen« reicht es über einen »gewissen Bedeutungswahn der mecklenburgischen Herzöge« bis zur Anerkennung einer gelungenen Synthese aus Seenlandschaft und architektonischer Repräsentanz. Die dabei entstehende Stilvielfalt ist verwirrend: Schulen und Ent-

Die keramische Säule – der Wende geopfert

AUF EINEN BLICK

Ausgangsort, Ausgangspunkt:
Schwerin, Pfaffenteich, Denkmal Heinrichs von Stephan.

Zielort:
Raben Steinfeld, Bushaltestelle in der Leezener Straße. Rückkehr mit Linie 6. An der Endstelle umsteigen in die Straßenbahnlinien 1, 2 oder 4.

Einkehr:
Schwerin: Schloßinsel, »Schloßcafé«. • *Zippendorf:* Waldbad. • *Mueßer Bucht:* Ferienhotel.

Unterkunft:
Schwerin: An die 2000 Betten in Hotels und Gasthöfen zwischen DM 35,– und DM 450,–, vermittelt durch die Schwerin-Information (s.u.); Pension »Wilk«, Buschstraße 13, Tel. (0385) 5507024, 6 Betten, einfach und preiswert.

Jugendherberge:
Schwerin, Waldschulenweg 3, Tel. (0385) 213005, 93 Betten.

Bademöglichkeit:
Zippendorf, am Strand und Waldbad; Reppin.

Sehens- und Wissenswertes:
Schwerin: *Dom St. Maria und St. Johannes* (1270–1416); Mo. bis Sa. 11–13, 14–16 Uhr (Sa. bis 17 Uhr), So. 13–17 Uhr. • Marktplatz mit *Rathaus* (1835) und *Neues Historisches Museum.* • *Alter Garten:* Staatstheater und Gemäldegalerie. • *Schloßinsel* mit Schloß, Burggarten und drei Museen. Das Schloßmuseum präsentiert die bisher restaurierte Innenausstattung, besonders den reich verzierten Thronsaal mit Deckengemälden; Di. bis Sa. 9–17 Uhr, So. 9–13 Uhr. • *Schloßgarten* mit Kreuzkanal und Denkmal Friedrich Franz II. • *Grünhausgarten* mit *Schleifmühle* (Technisches Museum).

Empfehlung:
2 Tage Aufenthalt. 1. Tag: vormittags Altstadtbesichtigung, nachmittags See-Rundfahrt. 2. Tag: vormittags Dom, Museen, Schloßinsel, nachmittags Wanderung am See nach Raben Steinfeld.

Alternativen für schlechtes Wetter:
Besuch der Sehenswürdigkeiten und Museen von *Schwerin.* • *Mueß:* Mecklenburgisches Volkskundemuseum. • Schiffahrt auf dem *Schweriner See.* • Stadtrundfahrt mit dem »Petermännchen«.

Auskunft:
19055 *Schwerin:* Information, Am Markt 9, Tel. (0385) 560931, Mo. bis Fr. 9–18 Uhr, Sa./So. 10–14 Uhr. • *Weiße Flotte:* täglich ab 10 Uhr Rundfahrten von 1 bis 2 Stunden Dauer, Anlegestelle Werderstraße, Tel. 5811596.

Karten:
Euro-Stadtplan 1:20000, RV-Verlag. • Der informative Stadtführer mit Stadtplan 1:15000, Radke-Verlag Schwerin (erhältlich bei der Schwerin-Information).

DER BESONDERE TIP

Die Schweriner hatten schon zu DDR-Zeiten Sinn für unpolitische Denkmalskunst: Am Hauptbahnhof ließen sie das für das Großherzogtum gestiftete Denkmal »Rettung aus Seenot« stehen, in welchem körperliche Schwerkraft überwunden scheint. Im Schloßgarten findet man außer dem Repräsentationsdenkmal des Großherzogs eine kleine Plastik: Ein Knabe reitet auf einer überrascht sich nach ihm umschauenden Ziege. Am Pfaffenteich stehen Kinder unter einem Regenschirm. In der Gegenwart gibt es plötzlich Bilderstürmerei: Die »keramische Säule« ließ der Oberbürgermeister abtragen, weil unter 27 Tafeln künstlerisch gestalteter Stadtgeschichte seit 1160 auch drei Tafeln sozialistischen Pathos waren. An ihrer Stelle steht jetzt eine abstrakte Eisenplastik. Von Interesse ist auf dem Markt eine Säule Peter Lenks, die außer dem »Schweriner Löwen« und seiner Entstehung auch einige Popos zeigt, natürlich historisch und künstlerisch begründet.

würfe kamen aus Lübeck, Sachsen, Köln, Dresden, Torgau, Berlin, den Niederlanden und dem Loiretal.

Wir umrunden das Schloß auf seiner Insel, wobei uns ein kleines Denkmal (siehe »Der besondere Tip«) auffällt. Dann begeben wir uns nach Süden in den *Schloßgarten*, wo das Reiterstandbild des Großherzogs Friedrich Franz II. und die 14 Sandsteinplastiken Balthasar Permosers stehen. An schönen Blumenanlagen vorbei kommen wir zum *Kreuzkanal*. Wir folgen ihm nach links, wo in der *Schleifmühle* abermals Gelegenheit zu einer Museumsbesichtigung besteht. Anschließend laufen wir am Ufer des *Faulen Sees* zur *Schloßgartenallee*. Vorbei am *Landwirtschaftsministerium* gelangen wir zu einer Gaststätte, wo man evtl. eine Mittagsrast einlegen kann.

Von hier gehen wir zum *Schweriner See* und auf dem *Franzosenweg* über Zippendorf, das Waldbad, die Mueßer Bucht mit dem Volkskundemuseum und dem Beobachtungsturm Reppin problemlos am Südufer des **Schweriner Sees** entlang. Die verkehrsreiche *Crivitzer Chaussee* müssen wir dabei nur zweimal kurz betreten: an der *Mueßer Bucht* und bei der Brücke über die *Störwasserstraße*. An der Bushaltestelle in Raben Steinfeld endet der Nachmittagsspaziergang.

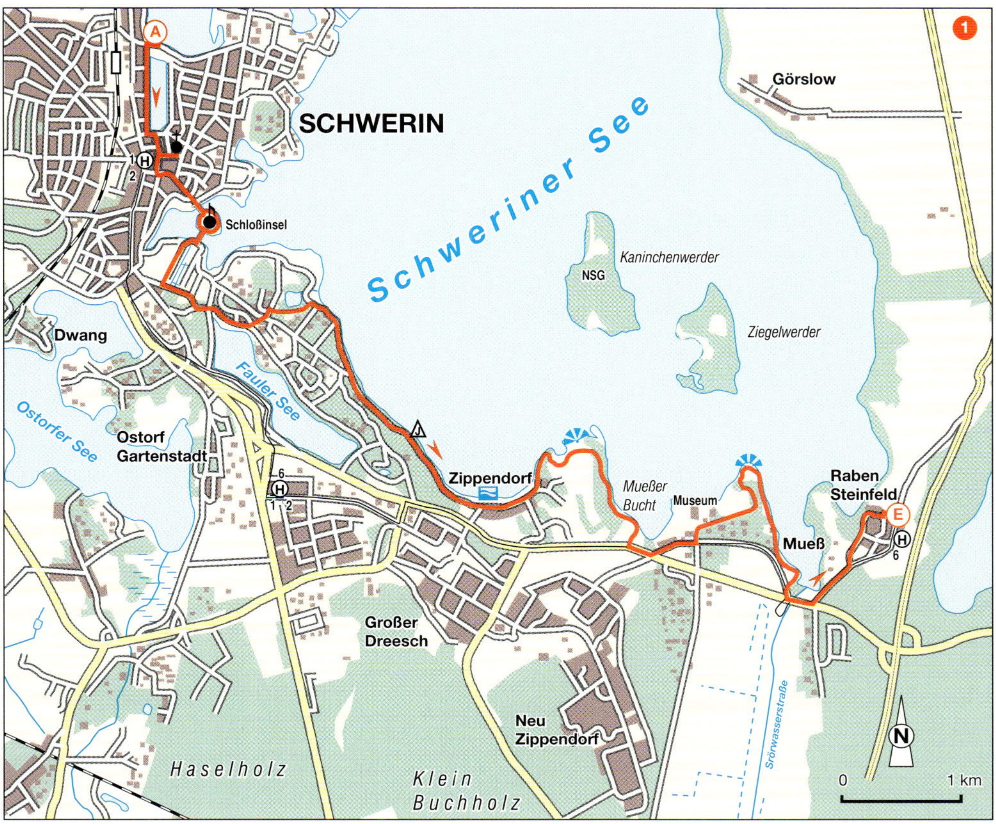

2 WARIN UND NEUKLOSTER

Die zwei Kleinstädte Warin und Neukloster sowie die beiden nach ihnen benannten Seen liegen in einer typischen Grundmoränenlandschaft. Wellige Hügel, Riedgräben und schilfige Ufer an ausgedehnten Seen begleiten den Wanderweg, der freilich in einem Mischwald aus Eichen, Kiefern, Birken und Buchen auch sandig sein kann. Die beiden Städte haben bei aller Bescheidenheit doch auch ihre eigene Geschichte: nicht nur das 1233 gegründete Warin, mehr noch Neukloster mit seinem seit 1219 bestehenden Kloster Sonnenkamp, schließlich 1945 Schloß Hasenwinkel vor der Potsdamer Konferenz.

INFO ZUR TOUR

Tourencharakter:
Abwechslungsreiche Wanderung östlich und westlich zweier größerer Seen, wobei zwei Kleinstädte miteinander verbunden werden. Zur Hälfte befestigte Straßen, der Rest Fußwege und Forststraßen.

Weglänge: 23 km.

Gesamtgehzeit: 6 Std., mit Besichtigungen 7 Std.

Anstiege:
Ca. 40 m, verteilt auf verschiedene Etappen.

Markierung:
Waldweg Warin – Neukloster: rot/grün; Klein-Warin – Chaussee: gelbe Vermessungspfähle.

Der Neuklostersee

Eine typische Moränenlandschaft

Wir verlassen den **Bahnhof Warin** (für Autofahrer ist hier ein großer Parkplatz) nach rechts und laufen 500 Meter neben den Gleisen bis zu einem beschrankten Bahnübergang, den wir nach rechts über die Gleise in den *Neuklosterweg* benutzen. 200 Meter nach dem Übergang zweigt links der Fahrweg ab (Ww. »Neukloster 8 km«). Am Waldrand gehen wir an der Gabelung halb links (Ww., rot/grün).

Zwischen Glammsee und Großem Wariner See

Kirche des Klosters Sonnenkamp

Wanderweg zwischen Warin und Neumühle

Wir sind bereits mitten im Moränengelände: Vor dem Wald konnten wir links den **Großen Wariner See** erblicken, im Wald treffen wir auf eine bewegte Hügellandschaft, nach rechts können wir an einer längeren Lichtung Moränenhügel sehen, während links eine Riedlandschaft mit hohem Artenreichtum an Gräsern liegt. Wir wandern durch Mischwald, Eichen wechseln mit Kiefern.

1 Stunde nach Warin kommen wir an **Neumühle** vorbei, wo mehrere Ferienbungalows stehen. Nach weiteren 600 Metern erreichen wir wieder eine Gabelung, wo wir halb links gehen (Hauptweg). Nochmals 800 Meter weiter gelangt man

AUF EINEN BLICK

Ausgangs- und Zielort (Rundtour):
Warin, Bahnhof. Hierher mit der Bahn von Schwerin oder Bad Kleinen. Nach der Tour Weiterfahrt nach Sternberg (Tour 3) oder Güstrow (Tour 5) mit der Bahn ab Warin 17.43 Uhr oder dem Bus ab Warin Post, ab 15 Uhr drei Kurse.

Abkürzung:
Wanderung Warin – Neukloster: Ab Neukloster mit der Bahn nach Sternberg oder Güstrow.

Gehzeiten:
Neukloster halbiert die Gesamtgehzeit.

Einkehr:
Neukloster: »Alter Markt«. • *Nakensdorf:* »Waldhotel«. • *Warin:* »Futterkrippe« (Mecklenburger Spezialitäten).

Unterkunft:
Warin: Privatunterkünfte und Gästezimmer durch die Information (s.u.). • *Friedrichswalde* (6 km südöstl. Warin): Hotel »Bronzener Hirsch«, Tel. (038482) 255. • *Nakensdorf* (2 km südl. Neukloster): »Waldhotel«, Tel. (038422) 25445.

Bademöglichkeit:
Strandbad am Wariner See. • Neukloster, Strandbad.

Sehens- und Wissenswertes:
Neukloster: *Kloster Sonnenkamp*, 1219 gegründet, 1555–1590 Klosterkirche im spätgotischen Stil. • Innenhof des Rehazentrums für Sehbehinderte.
Friedrichswalde: Denkmal des Großherzogs »Bronzener Hirsch«.

Auskunft:
19417 *Warin:* Fremdenverkehrsverein Wariner Naturpark (Info-Büro), Lange Straße 8, Tel. (038482) 431, Mo., Di., Fr. 9–12, 14–17 Uhr, Mi. 14–17 Uhr, Do., Sa. 9–11 Uhr.

Karte:
TK 50 (AS), Blätter 84-C Warin und 84-A Neukloster oder TK 50, Blatt L 2136 Bützow, alle LVA Schwerin.

links auf einem für Autos gesperrten Fahrweg zum Ufer des **Neuklostersees**. Ein paar Bretter erlauben hier zwischen Schilfbeständen den Zugang zu einem Naturbad im See. An dieser Stelle kann man nach rechts (N) auf schmalem Fußweg durch Schilf- und Buschgelände einen reichlichen Kilometer laufen, bis man an einem FKK-Zugang zum See wieder rechts hoch zur Forststraße zurückkehrt. (Wer den Schilfgang scheut, kann vom Naturbad-Zugang wieder zurück zum Fahrweg gehen und diesen weiter verfolgen.)

So oder so, **Neukloster** kündigt sich mit adretten Bungalows an. Immer in Ufernähe bleibend, kommen wir am *Strandbad Neukloster* heraus: Sauberer Sand, Bänke, Liegewiese, Brücke mit Sprungmöglichkeit – es ist alles da. Wir wandern weiter, am Bootsverleih vorbei, und verlassen schließlich das Ufer rechts ansteigend. Durch eine Gartentür gelangen wir auf den geräumigen Innenhof der ehemaligen *Landesblindenanstalt*, die jetzt etwas gehobener »Rehabilitationszentrum für Sehbehinderte« genannt wird. Die großzügige Anlage wurde in der Mitte des 19. Jahrhunderts im neugotischen Stil erbaut – so ganz asozial kann diese Zeit auch nicht gewesen sein.

Wir verlassen die Anstalt durch die große Kastanienallee bis zur *Bützower Straße*, wo wir links zum *Alten Markt* gehen. Hier finden sich Einkehrmöglichkeiten und eine Info-Tafel. Vom Alten Markt können wir schon den Turm des **Klosters Sonnenkamp** sehen, den wir anpeilen und über einen alten Friedhof erreichen. Hohe Kirchenmauern werden von einem spitzen Dachreiter geschmückt. Die Mauern entstammen der Gründungszeit um 1219 und den Erweiterungen von 1555/90 im spätgotischen Stil. Von den ausgedehnten Klostergebäuden sind nur noch spärliche Reste vorhanden. Die Innenausstattung des hohen Kirchenschiffs stammt aus dem 19. Jahrhundert. Bunte Deckenmuster sollen wohl einen Hauch von Rokoko in die gotische Strenge tragen.

Wir verlassen das Klostergelände, wie wir gekommen sind, und schwenken links in die *Klosterstraße*. Wenn wir nach einer Rechtsbiegung auf die Hauptstraße gelangen, wenden wir uns links, überschreiten die Gleise und verlassen die Autostraße nach links Richtung Nakensdorf (Ww. »Seehotel«). Es geht nun über eine halbe Stunde an den links liegenden Gleisen entlang, das heißt, wir folgen später nicht der Betonstraße, die die Urlauber nach Nakensdorf bringt, sondern halten weiter geradeaus im schattigen, abwechslungsreichen Wald. Danach erreichen wir im freien Moränengelände **Klein Warin**. Am Ortsende gehen wir links (Ww. »Warin, 5 km«), nochmals 40 Minuten durch Wald, bis wir auf die *Wismar'sche Landstraße* treffen.

Zum Schluß läßt es sich leider nicht vermeiden, noch 2 Kilometer auf ihr zu laufen. Wir können aber am Anfang der Stadt nach links über einen Steg abzweigen und so in die Altstadt mit dem bescheidenen Rathaus gelangen. Urkundlich erstmals erwähnt wurde **Warin** bereits 1178, doch gilt 1233 als das eigentliche Gründungsjahr. Zweimal wurde die Stadt durch Brände zerstört und 1887 an die Bahnstrecke Wismar – Karow angeschlossen. So harmlos Warin auch wirken mag – 1945 hat man in nächster Nähe Weltpolitik gemacht, als auf *Schloß Hasenwinkel* Vorgespräche zur Potsdamer Konferenz geführt wurden.

DER BESONDERE TIP

Bei Sonnenwetter lohnt sich ein Besuch im Strandbad von Neukloster. Es besitzt einen sehr schönen Sandstrand, eine Brücke, von der man springen kann, und das Wasser des Neuklostersees ist von ausgezeichneter Qualität. Die Erfrischung stärkt für den zweiten Teil der Wanderung auf der Westseite der Seen zurück nach Warin. Bei kühlerer Witterung wird statt dessen eine Führung durch die Klosterkirche Sonnenkamp von Neukloster empfohlen. Der Pfarrer ist, evtl. nach telefonischer Voranmeldung (03 84 22) 2 54 54, gerne bereit, die Geschichte des Klosters lebendig werden zu lassen.

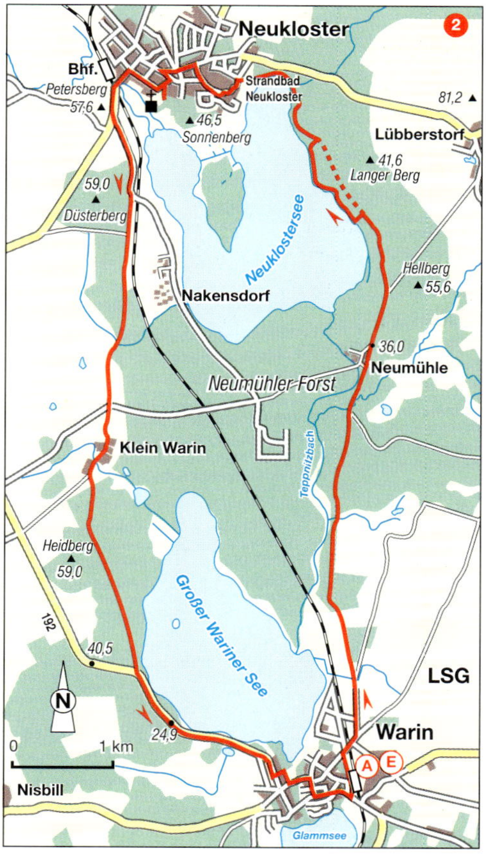

3 SEEN IM DOBBERTINER FORST

Der Forst Dobbertin, durch den oder an dessen Rand entlang unsere Wanderung führt, ist von etwa einem Dutzend größerer und kleinerer Seen durchsetzt. Zwischen den Seen liegt eine recht bewegte Moränenlandschaft, in welcher nicht nur Steilhänge und Sölle auftreten, sondern als Besonderheit auch ein Durchbruchstal durch eine Endmoräne. Zum Schluß halten wir durch Parkgelände Einzug im 800 Jahre alten Klosterbezirk von Dobbertin mit der nach Entwürfen von Schinkel umgestalteten, 600 Jahre alten Klosterkirche.

INFO ZUR TOUR

Tourencharakter:
Wenig Straße, viel Wald, auf überwachsenen oder sandigen Fahrwegen; ein gut gerichteter und markierter Naturlehrpfad mit Rastplätzen, Seen, eine Riedlandschaft und ein Kloster mit Park und Seeblick sorgen für Abwechslung.

Weglänge: 18 km.

Gesamtgehzeit: 5–6 Std.

Anstiege: 60 m, verteilt auf mehrere Etappen.

Markierung:
Schwarz, grün, rot, gelb, Symbole, Ww.

Im Naturpark des Mildenitztales

Das ehemalige Haus des Klosterhauptmanns

Ursprüngliche Natur am Schwarzen See

800 Jahre Klostergeschichte am See

Die Sonne ist im Sinken, das Boot fährt über den See, die Erlen und die Weiden spiegeln sich im See. Die Schwäne stillere Kreise im weichen Wasser zieh'n. Ich denke an die goldenen Tage, an die Tage von Dobbertin.

Wie lange mag Theodor Fontane, als er 1872 diese Zeilen schrieb, als Meister des Wortes gegrübelt haben, das Wort »See« nicht zu wiederholen? Aber es gibt halt so viele Seen im Dobbertiner Forst, daß es nachgerade treffend ist, den »See« zu wiederholen. Meisterhaft aber ist der Rhythmus, mit welchem der Dichter die Erinnerung an Dobbertin wiedergibt.

Uferweg am Kloster Dobbertin

Weidende Kühe bei Dobbin

Damit es uns ähnlich ergeht, setzen wir den Besuch von Kloster und Park als Schlußpunkt ans Ende der Tour – wenn »die Sonne ist im Sinken«. Aber einstimmen auf diesen Schlußpunkt können wir uns schon am Morgen, wenn wir das Klosterdorf erst auf der B 192, dann halb rechts auf der Straße nach *Lohmen* Richtung Norden verlassen.

Das ist das weniger schöne Stück unserer langen Wanderroute, aber mit dem Fontane-Gedicht im Hinterkopf können wir uns bei Laune halten. 1 Kilometer nach der Straßenabzweigung kreuzt kurz vor **Spendin** ein als Radweg gekennzeichneter Weg die Straße. Wir folgen ihm nach links (schwarz, Reitersymbol). Wenn er nach 2½ Kilometern die Straße nach **Neuhof**, das rechts von uns liegt, überquert, wird der Fahrweg besser: Fester

Am Dobbertiner See

AUF EINEN BLICK

Ausgangs- und Zielort (Rundtour):
Dobbertin. Hierher von Sternberg, Bus-Bahnhof ab 8.50 Uhr. Besichtigung der Stadt Sternberg und der Kirche St. Maria und Nikolaus (13. Jh.) am Abend zuvor oder am Morgen vor der Busabfahrt empfohlen. Von Dobbertin zum Abschluß mit Bus nach 15 Uhr nach Goldberg (Tour 4) oder Karow (Zugang zu Tour 6).

Gehzeiten:
Dobbertin – Rastplatz Mildenitztal 4 Std.;
Rastplatz – Dobbertin 2 Std.

Einkehr:
Keine Möglichkeit; Rucksackverpflegung.

Unterkunft:
Dobbertin: Gasthof »Zwei Linden«, Tel. (03 87 36) 6272; Privatzimmer vermittelt das Fremdenverkehrsamt Goldberg, Tel. 71 21 (siehe Tour 4).

Bademöglichkeit:
Naturbad im Holzsee und Schwarzen See.
• Strandbad Dobbertin.

Sehens- und Wissenswertes:
Mildenitztal: *Lehrpfad* mit Anschauungstafeln.
Dobbertin: *Kloster*, 1220 gegründet, 1572–1920 evangelisches Jungfrauenkloster, 1828–1837 Restaurierung nach Plänen von Schinkel. Refektorium (13. Jh.), barockes Haus des Klosterhauptmanns.

Alternativen für schlechtes Wetter:
Führung durch das *Kloster Dobbertin.*

Auskunft: Siehe Tour 4.

Karte: Siehe Tour 4.

Sand löst das Gras ab (Ww. »Garden 5,1 km, Woseriner See«, grün). Es folgen 1 Kilometer durch Felder und 3 Kilometer Sandstraße im Wald. Nach einer längeren Gefällstrecke liegt links eine Lichtung. Kurz vor einem steileren Anstieg zweigt links ein wieder überwachsener Waldweg ab, der zwar auf den touristischen Karten schon als Radweg ausgewiesen ist, aber 1996 noch keinerlei Markierung trug. Eine Schranke verwehrt Autos das Befahren.

Der Weg führt nun nahezu südwärts zurück und bald am immer steiler werdenden Ufer des **Holzsees** entlang. Nach 4 Kilometern trifft er auf die B 192 (Ww., Rad/Wanderweg). Wir müssen die Straße 20 Meter nach rechts gehen, dann setzt sich der Weg bei einer Sperre links im Wald fort. Man läuft an einem flachen Hang und kommt nach 1 Kilometer an ein rechts liegendes, waldloses Ried. Hier trifft man auf einen Rastplatz. Kurz vor ihm zweigt nach links der Weiterweg durch das Mildenitztal ab. Trotzdem wird empfohlen, zunächst geradeaus weiterzugehen (siehe »Der besondere Tip«).

Zurück zur Abzweigung wandern wir entlang dem Lehrpfad durch das **Mildenitztal**. Dies ist ein Durchbruchstal durch eine aus Schmelzwassersanden bestehende Endmoräne, die sich in der letzten Eiszeit vor ca. 10 000 Jahren gebildet hat. Die *Mildenitz* floß aus dem ehemaligen *Dobbiner See* zum *Schwarzen See* und hat sich dabei 15 Meter tief in die Endmoräne eingegraben, so daß Einheimische sogar von der *Mildenitzschlucht* sprechen. 1½ Kilometer laufen wir in dem Tal, das von Steilhängen gesäumt ist und in dem die Natur sich selbst überlassen bleibt. Lehrtafeln geben nähere Informationen über die Entstehung dieses für Mecklenburg sehr seltenen Phänomens.

Wir kommen am großen **Mildenitz-Rastplatz** heraus, wandern links und an der bald folgenden Gabelung rechts (Ww.

Am Mildenitz-Rastplatz

»Kläden«, gelb). Der Ortsname *Kläden* leitet sich vom slawischen *Clodense* ab, das sich um 700 n.Chr. auf einem Hügel an der Mildenitz befand. 500 Meter nach der Gabelung zweigt rechts bei einer Sperre der Radweg nach Dobbertin ab (Symbol Tanne, gelb). Nach der Brücke über die Mildenitz folgt 500 Meter weiter eine zweite Brücke. Von da an führt der Fahrweg immer an einem Graben entlang, so daß er nicht zu verfehlen ist. An der Straße angekommen, gehen wir links an LPG-Altlasten vorbei, halten uns rechts und gelangen in den Klosterpark von **Dobbertin**.

Dieses Kloster wurde 1220 als Mönchskloster gegründet und ging wenig später an den Benediktinerorden. Überraschenderweise überstand das Kloster die Reformation, zwar nicht hinsichtlich des Bekenntnisses, wohl aber als Institution: Es wurde 1572 evangelisches Jungfrauenkloster und bestand in dieser Eigenschaft bis 1920. Danach nutzte man es als Altersheim. 1945 wurde es der Kirche enteignet und in ihm eine Nervenklinik untergebracht. 1990 jedoch führte die Diakonie Lübeck das Kloster wieder in den Schoß der Kirche zurück und übernahm dabei die Anstalt für geistig Behinderte, die seit 1950 hier untergebracht ist.

DER BESONDERE TIP

Vom Rastplatz am Ausgang des Mildenitztales folgen wir dem Tannensymbol. Gleich danach wird der Weg als »Rundwanderweg« bezeichnet (rot). Nach 1 Kilometer verlassen wir den Weg, der ansteigt, nach rechts. Anfangs ist es noch ein Lehrpfad mit Tafeln, dann kommt man zum Schwarzen See: Steilufer, eine sich selbst überlassene Natur, Baumruinen, der See im Hintergrund. Das ist Ursprünglichkeit par excellence. Gehen Sie so weit, wie Sie Lust haben, und dann zurück zum Rastplatz.

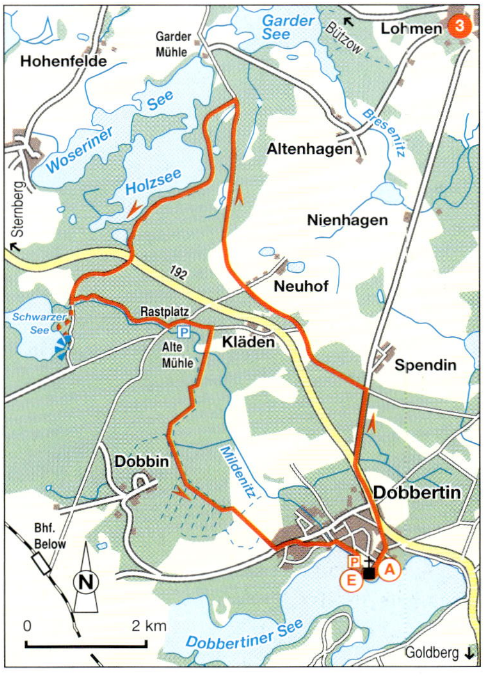

4 RUND UM DEN GOLDBERGER SEE

Der Goldberger See, im Grundriß von der Form eines auf der Spitze stehenden Eies, gehört zu den größeren Seen Mecklenburgs. Trotzdem beträgt die Länge seiner Umrundung nur 12 Kilometer – also eine leichte Tour. Am Ostufer führt der Weg durch den »Naturpark Nossentiner–Schwinzer Heide«. Im Westen liegt die Kleinstadt Goldberg, Ausgangs- und Endpunkt unserer Wanderung. Auf den ersten Blick wirkt die Stadt bescheiden, aber sie hat einen »literarischen Touch«: John Brinkmann, nach Fritz Reuter der bedeutendste Dichter Mecklenburgs im 19. Jahrhundert, leitete hier um 1850 drei Jahre lang eine Privatschule.

INFO ZUR TOUR

Tourencharakter:
Leichte Wanderung, die nur im ersten Viertel neben der Landstraße verläuft, zur Hälfte durch Wald und im letzten Viertel auf neu gerichteten Wanderwegen am See entlang.

Weglänge:
12 km; bei Busfahrt bis Wendisch Waren 9 km.

Gesamtgehzeit: 3–4 Std.

Anstiege: Minimal.

Markierung: Ww.

Der Goldberger See

Verborgene Reize in Stadt und Land

Weder wurde in **Goldberg** Gold gefunden, noch gibt es einen Berg. Trotzdem besaß die Stadt bis in die zwanziger Jahre ihre Goldgrube: Eine als »Stahlquelle« bezeichnete Badeanlage hatte sich in wilhelminischer Zeit zu einer guten Einnahmequelle für die Stadt entwickelt und zur Anlage einer großzügigen Allee mit Brunnen geführt.

Das »Gold« im Stadtnamen hat auch nichts mit dem Edelmetall zu tun, sondern leitet sich aus dem wendischen »Glocze« her. Das Stadtrecht wurde dem Ort schon 1248 verliehen; Landesherren residierten nur kurz auf einer Burg. Ein Bummel durch Goldberg offenbart die im Verborgenen liegenden Reize. Einen Marktplatz gibt es überraschenderweise nicht. Als Zentrum kann man das *Rathaus* ansehen, ein klassizistischer Bau von 1828 mit kleinem Türmchen und einer »Exedra« an der Straßenfront – ein Gruß vom Schweriner Schloß im Miniformat. In Höhe des Rat-

Am Westufer des Goldberger Sees

Das Kreisheimatmuseum von Goldberg

Die Goldberger Stadtkirche

hauses steht im Westen die aus dem 14. Jahrhundert stammende *Stadtkirche* mit einem kleinen Portal an der Westfront. Interessant sind die großen Feldsteine, um die herum die spätere Mauerung erfolgte. Gegenüber der Kirche befindet sich das Pfarrhaus, ein gediegener Fachwerkbau mit schönem Garten. Will man das Gotteshaus besichtigen, bitte man hier den Pfarrer darum. Ein weiteres Kleinod stellt das *Heimatmuseum* an der Mildenitz dar (siehe »Der besondere Tip«).

Wir verlassen Goldberg durch die Straßenfolge *Mittelstraße – Am Wall –*

AUF EINEN BLICK

Ausgangs- und Zielort (Rundtour):
Goldberg. Ab Goldberg nach Wendisch Waren mit Bus, Mo. bis Fr. nach 9 Uhr. Ab Wendisch Waren nach Dobbertin (Tour 3) Mo. bis Fr. nach 16 Uhr, nach Plau (Tour 6) Mo. bis Fr. nach 14 Uhr.

Gehzeiten:
Goldberg – Wendisch Waren – Schwinz: 2–3 Std.; Schwinz – Goldberg: 1 Std.

Einkehr:
Wendisch Waren: Landgasthof. • *Goldberger See:* Hotel »Seelust« am Campingplatz. • *Goldberg:* Fischgaststätte »Brümmer«.

Unterkunft:
Goldberg: Drei Hotels, z.B. »Zur Sonne«, Tel. (03 87 36) 82 80; Privatzimmervermittlung durch das Fremdenverkehrsamt. • *Wendisch Waren:* Landgasthof, Tel. (03 87 36) 73 46.

Bademöglichkeit:
Im Goldberger See in Wendisch Waren, Schwinz und am Campingplatz Goldberg.

Sehens- und Wissenswertes:
Goldberg: *Stadtkirche.* • *Heimatmuseum.*

Auskunft:
19399 *Goldberg:* Fremdenverkehrsamt, gegenüber Rathaus, Tel. (03 87 36) 71 21, App. 31, Mo. bis Fr. 8–12 Uhr.

Karten:
Wander- und Freizeitkarte »Naturpark Nossentiner/ Schwinzer Heide«, 1:75 000, Nordland-Verlag. • TK 50 (AS), Blatt 85-A (Goldberg).

Das Eingangsportal der Stadtkirche

Austraße. Die Häuser und das Straßenpflaster stammen noch aus dem 18. und 19. Jahrhundert. Die Rückständigkeit ist das Ergebnis zahlreicher Brände und Seuchen bis ins 19. Jahrhundert; sie wird aber heute in den Prospekten als »Romantik« und »Nostalgie« gepriesen. Links der Bahn bleibend, kommen wir auf die B 192. Links steht eine Bockwindmühle, davor weiden oft Pferde. 2 Kilometer müssen wir am Straßenrand bis **Wendisch Waren** laufen. Wem der Autoverkehr nicht zusagt, der kann nach 9 Uhr mit dem Bus hierher fahren.

Am Landgasthof schwenken wir nach links und gehen durch das Dorf. Nach der Brücke über den *Mildenitzkanal* empfängt uns am Waldrand eine Warntafel des Standortkommandanten über gelegentliches Scharfschießen (rote Flagge gehißt, obwohl die Wende schon Jahre zurückliegt). Überrascht fragt man sich: Wie verträgt sich ein Naturpark mit Scharfschießen? Der Kommandant begrüßt uns

Die Försterei Kleesten bei Schwinz

mit »Liebe Wanderfreunde!«, belehrt uns über das Verhalten zur Vermeidung von »Gefahr für Leib und Leben« und rät uns zum Schluß, die Natur zu schonen! Die unfreiwillige Narretei der Warnung bedeutet im Klartext: Lassen Sie sich nicht abschrecken, auch wenn die rote Fahne gehißt ist, was im Durchschnitt an vier Tagen im Monat der Fall ist. Einheimische, Feriengäste und selbst die Stadtinformation bestätigen, daß der Umrundungsweg von allen Schießübungen freigehalten wird. Nur: ihn verlassen und etwa nach Osten ins Hinterland gehen, das sollten Sie an solchen Tagen auf keinen Fall tun!

Kurz nach der Warntafel zweigt halb links der Wanderweg ab (die anderen Wege sind durch Schranken gesperrt). Eine dreiviertel Stunde laufen wir durch den Kiefernwald, dann folgen wir einer einmündenden Forststraße nach links. Nach einem weiteren Kilometer sehen wir rechts und links Lichtungen. Dann gelangen wir zu den sieben Häusern von **Schwinz**, dem die große Heide ihren Namen verdankt. Nach 500 Metern zweigt links der Wanderweg von der Asphaltstraße ab. Er führt an einem ehemaligen Kasernengelände vorbei und schließlich fast 2 Kilometer am Ufer des schönen **Goldberger Sees** entlang. Schwimmbad, Bootsverleih und eine Gaststätte sorgen gegen Ende der Tour für Erholungs- und Erfrischungsmöglichkeiten.

Von hier ist es dann noch gut eine halbe Stunde, bis wir am Rathaus von **Goldberg** die erholsame Rundtour beschließen. Der Wanderweg führt beim Erreichen der Stadt direkt am Heimatmuseum an der *Mildenitz* vorbei – nutzen Sie also den »besonderen Tip«!

DER BESONDERE TIP

Am Müllerweg Nr. 2 in Goldberg befindet sich das Kreisheimatmuseum. Besonders von der Gartenseite her präsentiert es sich als schöner Fachwerkbau mit Ziegeln und weiß gerahmten Butzenfenstern.
Ein Giebel lockert die Front auf. Das Haus an der Mildenitz ist eine alte Wassermühle und steht unter Denkmalschutz. In elf Ausstellungsräumen werden Sammlungen zur Stadt- und Handwerksgeschichte sowie auch Wechselausstellungen gezeigt. Tel. (03 87 36) 816.

5 DIE RESIDENZ-STADT GÜSTROW

Die 140 Jahre Residenz haben der Stadt neben dem gotischen ein Renaissance-Gesicht gegeben. Die Gotik hat sich mit zwei gewaltigen Kirchenbauten verewigt, dem Dom und St. Marien. Am Marktplatz dagegen findet man frisch verputzte Bürgerhäuser mit Schneckengiebeln. Von 1556 bis 1696 war Güstrow Residenz der herzoglichen Linie Mecklenburg-Güstrow, die ein Schloß im Stil deutscher, holländischer und französischer Hochrenaissance errichten ließ. In der Neuzeit war die Stadt Wohnort der Dichter John Brinkmann und Uwe Johnson. Hier wurden außerdem der Maler Georg Friedrich Kersting und der Bildhauer Ernst Barlach geboren.

INFO ZUR TOUR

Tourencharakter:
Stadtspaziergang mit anschließender Wanderung an einer Bruch-Seen-Landschaft und durch Wald in bewegter Moränenlandschaft; der Besuch des Barlach-Museums sorgt auch im zweiten Teil für eine kulturelle Komponente.

Weglänge: 12 km.

Gesamtgehzeit:
3 Std.; mit Besichtigungen 5–6 Std.

Anstiege: 48 m in den Heidbergen.

Markierung: Keine, dafür aber Ww.

Das Renaissanceschloß zu Güstrow

Die Stadt Ernst Barlachs

Der Güstrower Marktplatz

Das Rathaus am Markt

Wenn man in **Güstrow** vom *Bahnhof* kommt, geht man durch die *Eisenbahnstraße* zur Nordwestecke der Altstadt. In der Fußgängerzone *Pferdemarkt* gelangen wir, vorbei am *Stadtbrunnen* und dem im Neorenais-

Barlach: Lesender Klosterschüler (1930)

sancestil gehaltenen *Postgebäude*, zur Stadtkirche **St. Marien**. Zu deren Besichtigung sollte man sich viel Zeit nehmen, denn die Innenausstattung ist eine der umfangreichsten der mecklenburgischen Stadtkirchen. Neben dem Hochaltar, von dem meist die Schnitzseite gezeigt wird, sind die Triumphkreuzgruppe (1516), die Kanzel (1583) und das Ratsgestühl (1599) besonders bemerkenswert. Der mächtige Orgelprospekt mit seiner Empore stammt aus barocker Zeit (1764/65).

Gleich hinter St. Marien liegt der **Marktplatz**, der neben seinen schönen Giebelhäusern ganz von der Front des *Rathauses* beherrscht wird, das mit seinem blendenden Weiß schön zum Backsteinrot der dahinter stehenden Stadtkirche kontrastiert. In dieser großen Front sind ältere Gebäudeteile durch eine einheitliche Empire-Fassade zusammengefaßt.

Durch die *Domstraße* kommen wir zum *Franz-Parr-Platz*. Rechts geht es zum **Dom** mit seiner prächtigen Innenausstattung. In einer Seitenkapelle hängt der *Schwebende Engel* Barlachs. Es ist der dritte Guß seines Entwurfs. Den ersten schmolzen die Nazis im Kriege ein. Ein Zweitguß wurde heimlich von einem Freund Barlachs in der Lüneburger Heide versteckt gehalten und nach dem Krieg in Köln aufgehängt. Von ihm fertigte man als Kopie den Drittguß an, der jetzt hier zu sehen ist. Aber unabhängig von diesem für die

Blick auf den Dom aus dem 13. Jahrhundert

Turm der Stadtpfarrkirche St. Marien

menschenverachtende Kunstauffassung der Nazis typischen Schicksal einer Barlach'schen Figur strahlt der »Schwebende« auch in seiner dritten Fassung geballte Konzentration aus.

Zurück zum Franz-Parr-Platz gelangen wir schließlich zum **Schloß**. Es gilt als einer der bedeutendsten Renaissance-Profanbauten Norddeutschlands. Franz Parr gestaltete 1558 bis 1566 den Süd- und Westflügel. In diesem Prachtbau residierte Wallenstein von 1628 bis 1629. Die Linie Güstrow bestand nur 140 Jahre und starb 1695 aus. Danach verfiel das Schloß; 1795 mußten der Nord- und Teile des Ostflügels abgebrochen werden. Der dreiflügelige Restbau wurde dann als Kaserne, Lazarett und nach 1920 als Arbeitshaus genutzt. Nach dem Zweiten Weltkrieg war das Schloß zunächst Altersheim, bis es von 1964 bis 1981 der Denkmalsschutz der DDR in einer großen Anstrengung restaurieren ließ, so daß es sich heute in einer sauberen, gepflegten Art mit kostbaren Sammlungen im Innern dem Besucher zeigt. Die Stuckkassettendecke im Festsaal zeigt auf ihren 43 Bildfeldern Kampf- und Jagdszenen aus Europa, Afrika und Asien sowie Szenen aus der griechischen Mythologie. In einem Bildfeld muß sich der Restaurateur einen Gag erlaubt haben: Während Soldaten in mittelalterlicher Rüstung einen Stier einfangen, sitzt auf einem Pferd ein Mann mit Jackett und Hose, Hemd und Kragen. Vielleicht der Restaurateur selbst?

Güstrow erlebte 1503, 1508 und 1512 kurz hintereinander drei große Brände. Als nach dem dritten Brand die schwer beschädigte Stadtkirche wiederaufgebaut worden war, wurde an einem Pfeiler eine Chronik in mittelhochdeutschem Platt angebracht. Die letzten beiden Zeilen lauten:

»Boht van hemmel gevet unß sÿne gnade,
dat sodan Jammer hÿr nimmer mach gheschen.«

AUF EINEN BLICK

Ausgangs- und Zielort (Rundtour):
Güstrow, Bahnhof. Hierher mit der Bahn von Blankenberg, in Bützow umsteigen.

Gehzeiten:
In Güstrow: 1 Std.; Schloß – Heidberge – Bahnhof: 3 Std.

Einkehr:
Güstrow: »Marktkrug«; »Ratskeller«; »Jägerstübchen«; Café und Restaurant im Schloß. • *Heidberg:* Restaurant am Strandbad; »Grenzburg« (500 m südlich Heidberg).

Unterkunft:
Güstrow: Hotel »Stadt Güstrow«, Tel. (0 38 43) 78 00; Hotel »Altstadt Garni«, Baustraße 8–10, Tel. 68 60 03; vier weitere Hotels, Tel. 21 59 80, 6 93 80, 8 33 30, 85 00.

Bademöglichkeit:
Heidberg, Freibad im Inselsee.

Sehens- und Wissenswertes:
Güstrow: *Dom,* Di. bis Sa. 10–12, 14–16 Uhr, So. 13–16 Uhr. • *Stadtkirche St. Marien,* Di. bis Sa. 11–12, 14–15 Uhr. • *Rathaus und Giebelhäuser am Markt.* • *Ehem. Residenzschloß und Schloßmuseum,* Tel. (0 38 43) 50 21, Di. bis So. 9–12.30, 13–17 Uhr. • *Stadtmuseum,* Franz-Parr-Platz 7, Tel. 6 11 41, Mo. bis Do. 10–12, 12.30–17 Uhr. • *Georg-Friedrich-Kersting-Haus* (Geburtshaus), Hollstraße 6, Tel. 6 33 43, Do. bis Mo. 10–12, 12.30–16 Uhr. • *Gertrudenkapelle /Ernst-Barlach-Museum,* Gertrudenplatz 1, Tel. 6 30 01, Di. bis So. 10–17 Uhr. • *Ernst-Barlach-Gedenkstädte,* Heidberg 15 (3 km südöstlich von Güstrow am Inselsee), Tel. 6 22 06, Di. bis So. 10–16 Uhr.

Alternativen für schlechtes Wetter:
Besuchsprogramm wie oben, aber ohne Wanderung in den Heidbergen.

Auskunft:
18273 *Güstrow:* Güstrow-Information, Gleviner Straße 33, Tel. (0 38 43) 68 10 23, Mo. bis Fr. 8–18 Uhr, Sa./So. 9.30–13 Uhr. • Kultur- und Fremdenverkehrsamt, Hollstraße 6, Tel. 66 33 43, Mo. bis Fr. 9–18 Uhr.

Karten:
Landkreis Güstrow mit Orientierungsplan Kreisstadt Güstrow, 1:19 000, Geographisches Institut Eckmann. • Stadtplan Güstrow 1:15 000, ADAC.

DER BESONDERE TIP

Um mehr von Barlach zu erfahren, sollten wir über den *Grünen Winkel*, die *Linden-* und *Gertrudenstraße* zur kleinen *Gertrudenkapelle* gehen. Daß Barlach ein Bildhauer des Reliefs von großartiger, ganz originärer Ausdruckskraft war, erkennt man an vielen seiner Exponate in der Kapelle. Selbst in seinen Plastiken verschmelzen Arme und Gegenstände reliefhaft mit dem Körper. Dem großen Bildhauer des Leidens und der Gläubigkeit bereiteten die Nazis ein unwürdiges Ende: Sie stuften ihn als »entartet« ein, schlossen sein Atelier und ließen 1938, kurz vor seinem Tode, den »Schwebenden Engel« im Dom entfernen und 1941 heimlich einschmelzen.

Es scheint, daß die Bitte gehört worden ist, denn Güstrow erlebte im Zweiten Weltkrieg weder Bombenangriffe noch Zerstörungen beim Einmarsch der Roten Armee. Unverfälscht präsentiert sich das Stadtbild dem Besucher.

Über die *Neuwieder Straße* umgehen wir das Schloß im Süden und kommen zur *Plauer Straße,* auf der wir rechts 800 Meter über die Kreuzung mit der *Liebnitzstraße* entlanglaufen. Aus der dann folgenden Linkskurve der Plauer Straße zweigt halb rechts der *Ernst-Barlach-Weg* ab (Ww., Fuß-/Radweg). Am Mühlbach entlang führt er idyllisch an das Nordende des **Inselsees**, umgeht diesen und verläuft rechts durch das Freibadgelände zu einer Wegkreuzung. Hier gehen wir links hoch; links steht dann das **Ernst-Barlach-Atelierhaus**, das zu einem eingehenden Besuch einlädt, um die Kunst des Bildhauers zu verstehen.

Wenn wir das Museum verlassen, kreuzen wir die *Bölkower Chaussee* und steigen die »Rodelbahn« 40 Meter aufwärts (Ww. »Elisabethstein 0,7 km«). Nach dem Gedenkstein wandern wir an der ersten Kreuzung links, am folgenden Rastplatz wieder links und an der zweiten Kreuzung rechts. Wir kommen am Fernstraßendreieck heraus, das wir geradeaus (Richtung »Rostock«) zur Bushaltestelle *Tierpark* kreuzen. Wer müde ist, kann von hier mit der Linie 8 stadtwärts fahren (Stundentakt). Im Normalfall wandern wir 1 Kilometer auf dem Fußweg neben der Straße bis zum Bahnübergang. Hier gehen wir noch vor der Schranke auf einem Fußweg neben den Gleisen und über den Kanal in die Stadt. Vorbei am *Rosengarten* laufen wir durch die *Bleicherstraße* zurück zum Bahnhof **Güstrow**.

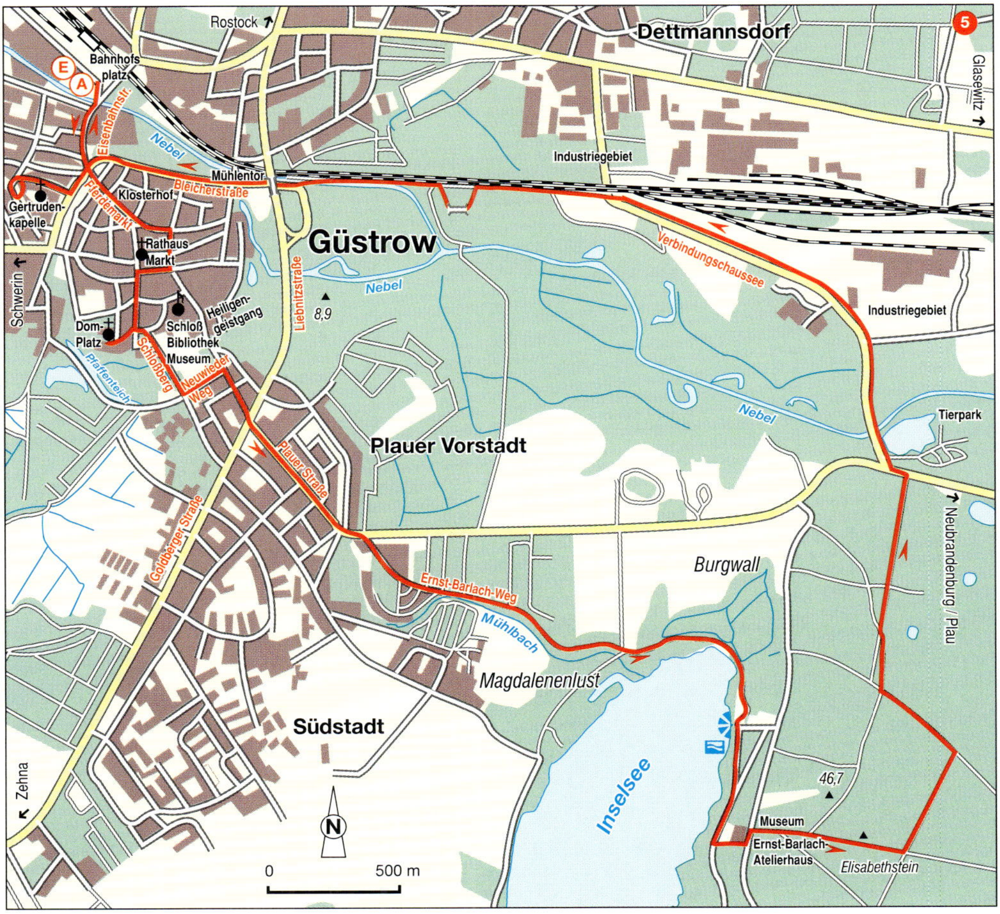

6 AM KRAKOWER SEE

Diese Wanderung ist von ländlicher Ruhe und tiefer Stille inmitten einer ursprünglichen Seen-Wald-Landschaft geprägt. Die gesamte Strecke verläuft durch das Naturschutzgebiet der Krakower Seen und des Naturparks »Nossentiner/Schwinzer Heide«. Auf den Inseln im Krakower Obersee nisten Seeadler und Bussarde, und im Wald gibt es acht kleinere Seen, auf denen meist Teichrosen blühen. Die Seepromenade im Kurort Krakow ist noch von gehobenem Flair, danach umfangen uns 5 Stunden stille Natur, bis wir schließlich zum ebenfalls idyllischen Bahnbetrieb in Karow mit seinen Kuriositäten gelangen.

INFO ZUR TOUR

Tourencharakter:
Maßvoll ausgedehnte Wanderung erst im Bereich des Krakower Obersees, dann im Naturpark. Als Weguntergrund wechseln Asphalt, schmale Fußwege, Alleen und Sandwege; alle sind gut begehbar.

Weglänge: 17 km.

Gesamtgehzeit: 5 Std.

Anstiege: Ca. 40 m, verteilt auf vier Etappen.

Markierung: Rot, blau, grün; stets Ww.

Am Krakower Obersee

Im Naturpark Nossentiner Heide

Pferdegruppe bei Möllen am Krakower See

Naturpark Nossentiner/Schwinzer Heide

Start ist an der Seepromenade von **Krakow am See**. Bänke, Anlagen, Hotels, Seebrücke, Bootshaus – alles ist da, was zu einer Promenade gehört, nicht groß, aber sehr erholsam. Die Stadt selbst wirkt anspruchslos, sieht man einmal von den eher kurios anmutenden Schildern wie »City-Treff« ab. Die kleine Kirche aus dem 13. Jahrhundert wurde im vorigen Jahrhundert restauriert. Interessant ist, daß die Synagoge die Pogromnacht 1938 überstand, da die letzten Juden des Ortes ihr Gotteshaus schon vor 1933 der Stadt geschenkt hatten.

Wir verlassen Krakow auf der *Dobbiner Straße* Richtung Südost. Auf ihr laufen wir 2 Kilometer bis zur Brücke zwischen **Krakower Untersee und Obersee**. Die Chaussee führt lediglich zum nächsten Dorf, so

Die Promenade von Krakow am See

Hausgarten in Glave

daß hier nur selten ein Auto vorbeikommt. Von der Brücke haben wir nach beiden Seiten die herrlichsten Blicke über die ausgedehnte Seenlandschaft.

1 Kilometer hinter der Brücke zweigt nach der zweiten Rechtskurve der Wanderweg nach **Dobbin** rechts ab, den ein älteres Schild auch als »Lustweg« bezeichnet (Ww.). 2 Kilometer führt der Weg mit seinen kleinen Rastplätzen am See entlang. Dann entfernt er sich auf der Höhe 56,1 nach Osten vom Wasser. Nach einem kurzen sonnigen Abschnitt betritt man eine schöne, schattige Kastanienallee.

Wir treffen dann auf eine Teerstraße, der wir 1 Kilometer nach **Walkmöhl** folgen. Auf einer Sandstraße müssen wir nun 2 Kilometer in der Sonne nach **Glave** laufen, aber links von uns tun sich Wiesen und Baumgruppen wie in einem englischen Landschaftspark auf. In dem kleinen Weiler wenden wir uns am »Sandkreisverkehr« links (Ww. G 12, Rad) und danach

Die Kirche von Krakow

AUF EINEN BLICK

Ausgangsort, Ausgangspunkt:
Krakow am See, Seepromenade. Hierher mit der Bahn von Güstrow (9.10 Uhr).

Zielort:
Karow, Bahnhof. Von hier 16 Uhr nach Plau (Tour 7) oder 16.03 Uhr nach Malchow (Tour 8), 2-Stunden-Takt.

Gehzeiten:
Krakow am See – Glave 3 Std.; Glave – Krakow 2 Std.

Einkehr:
Karow am See: »Zur alten Dampflok« im Bahnhof; auf der Wanderung Rucksackverpflegung.

Unterkunft:
Krakow am See: »Nordischer Hof«, Tel. (03 84 57) 2 32 94; An der Seepromenade, Tel. 2 36 14; weitere Hotels z.T. außerhalb von Krakow, z.B. Am Johannberg, Tel. 2 22 24. • *Plau:* Hotel »Holstein«, Markt 16, Tel. (03 87 35) 21 70; daneben ca. 20 weitere Hotels und Pensionen am Seeufer.

Bademöglichkeit:
In Krakow am See, an der Seepromenade oder in Glave. Der Krakower Obersee ist »gesperrtes Gewässer« (Löschwasserentnahme).

Sehens- und Wissenswertes:
Krakow: *Stadtkirche* (13. Jh.). • *Synagoge.*
Karow: *Dorfkirche* aus dem 12. Jh. mit gotischen Blendgiebeln.

Auskunft:
18292 *Krakow:* Information, Tel. (03 84 57) 2 22 58, Mo. bis Fr. 9–18 Uhr, Sa./So. 10–17 Uhr.
• 19395 *Plau:* Touristeninformation, Tel. (03 87 35) 23 45.

Karten:
Wander- und Freizeitkarte Mecklenburg: Die großen Seen, 1:75 000, Nordland-Verlag, Schwerin.
• TK 50 (AS), Blatt-Nr. 85-B (Krakow am See).
• TK 50, Blatt-Nrn. L 23 38 (Güstrow) und L 25 38 (Lübz), beide LVA Schwerin.

gleich wieder rechts. Der Wegweiser gibt bis Karow 5,5 Kilometer an, aber es sind tatsächlich 8 Kilometer. (Wer den Beobachtungsstand besuchen will, muß am Kreisel rechts dem Ww. »Bossow« folgen – siehe »Der besondere Tip«.)

Nach 10 Minuten zweigt halb rechts ein breiter Sandweg ab (Ww. »Plau 15 km«), dem wir 2 Kilometer lang schnurgerade durch den Wald nachlaufen, bis er auf einen Wegstern mit mehreren Wegweisern trifft. Wir durchwandern den **Naturpark Nossentiner/Schwinzer Heide**, eines der größten Waldgebiete Mecklenburgs. Wenn auch die Kiefer dominiert, so sorgen doch Birken, Eichen und gelegentlich Tannen für Abwechslung. Der Naturpark enthält viele seltene Biotope, von denen wir auf unserem Wanderweg nicht allzuviel sehen. Eine Ahnung von der Vielseitigkeit dieses Naturparks kann man aber gewinnen, wenn man an besagtem Wegstern im rechten Winkel nach links (Osten) geht. Schon nach 200 Metern trifft man hier auf den idyllischen **Kleinen Rederangsee**, dessen Ufer mit blühenden Teichrosen gesäumt sind. In dieser Moränenmulde hat sich seit dem Abschmelzen des letzten Eises ein reichhaltiges Biotop erhalten.

Zurück zum Wegstern folgen wir dem Wegweiser »Karow 4,5 km«. Nach 2 Kilometern müssen wir nochmals halb rechts gehen (Ww.), dann haben wir nach den letzten 2½ Kilometern den Ausgang aus dem Naturpark erreicht. Eine Tafel informiert uns, daß der kleine Ort **Karow** schon 1254 erstmals in einer Urkunde erwähnt wurde. Noch älter ist das Kirchlein mit seinen gotischen Blendgiebeln. Im 15. Jahrhundert war Karow ein wohlhabendes Bauerndorf, das aber im Dreißigjährigen Krieg total zerstört wurde und selbst um 1700 noch eine Wüstemark bildete.

Die neuzeitliche Bedeutung Karows lag bis unlängst in seiner Rolle als Bahnknotenpunkt, der über 100 Jahre alt ist. Damals herrschte hier sicher mehr Betrieb als heute. Der Zugang vom Schalterbereich zum Bahnsteig ist verschlossen; Bahnschalter gibt es nicht mehr. Selbst im Zug nach Krakow kann man unter Umständen keine Karte lösen. Als ich als braver Bürger in Krakow nachträglich meine Fahrt bezahlen wollte (damit nicht auch noch diese Strecke stillgelegt wird), meinte der

DER BESONDERE TIP

2 Kilometer westlich von Glave befindet sich ein Turm als Beobachtungsstand, von dem aus man auf der Insel Süfs Seeadler, Mäusebussarde, Milane und mehrere Möwenarten beobachten kann. Diesen besonders für Ornithologen interessanten Stand erreicht man, indem man in Glave am Kreisel rechts über den trigonometrischen Punkt 51,5 hinaus noch 300 Meter und dann rechts vor in das Schilfgelände des Sees geht (Hinweistafel). Man kann nach Glave zurückkehren und dann der Wegbeschreibung folgen (+4 km) oder sich auf Forstwegen parallel zur B 103 nach Süden tasten und gegebenenfalls erst kurz vor Teerofen auf die Bundesstraße gelangen.

Beamte: »Das ist mir noch nie passiert. Aber die Strecke wird nicht stillgelegt, wegen des Bäderbetriebs. Ich schenke Ihnen die Fahrt!« Dann erkundigte ich mich nach der Verbindung nach Malchow. »Die hat noch niemand verlangt.« (Es sind drei Stationen.) Die Züge dürfen höchstens im 50-Stundenkilometer-Tempo fahren. Die alten DDR-Waggons (pro Fahrgast ein Wagen) besitzen neue Schilder – zur Platzreservierung! Der Zug hält ruckartig mit kreischenden Bremsen. Aber zur Ehrenrettung des »Unternehmens Zukunft« muß gesagt werden, daß auf der Strecke nach Malchow (Tour 7) die modernsten, komfortabelsten Triebwagen eingesetzt werden.

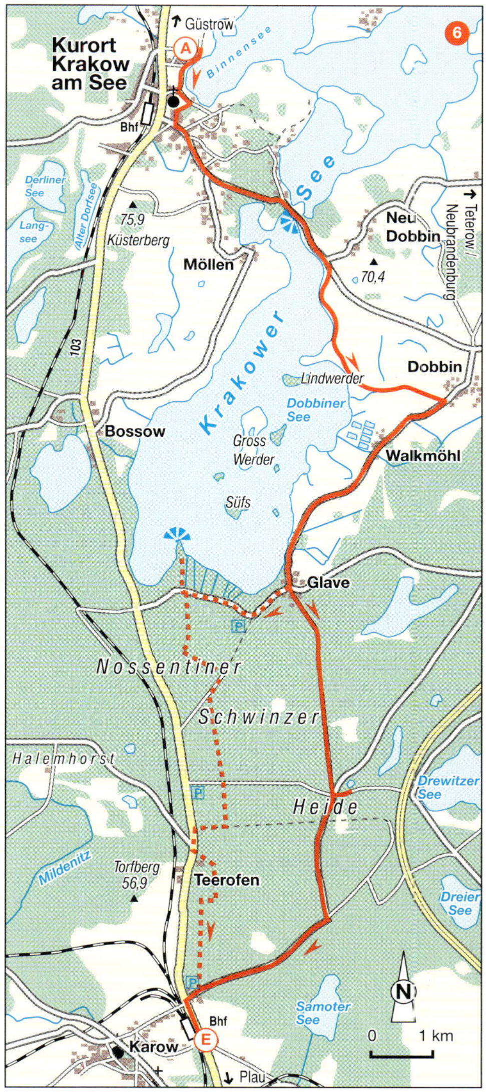

Eigene Räucherei

7 UM DEN PLAUER SEE NACH MALCHOW

Am Anfang und Ende unserer Wanderung liegen zwei interessante alte Städte: Plau und Malchow. Plau besitzt nicht nur eine frühgotische Kirche, sondern auch einen »Hauch von Holland«. Malchow hat viele Parallelen mit Dobbertin, so z.B. das Kloster, das nach der Reformation in ein evangelisches Jungfrauenkloster umgewandelt wurde. Zwischen beiden Städten wandern wir an einem der schönsten Seen Mecklenburgs entlang. Die lange Tour läßt sich durch Benutzung des Schiffsverkehrs abkürzen.

INFO ZUR TOUR

Tourencharakter:
Lange Wanderung in einer bewegten Moränenlandschaft. Die Tour läßt sich nicht nur beliebig verkürzen, sondern ist mit 13 km herrlicher Uferwege und sieben Bademöglichkeiten so aufgelockert, daß man die große Distanz gar nicht so spürt.

Weglänge:
28 km; durch Schiffsbenutzungen auf 24, 22, 17 oder 11km verkürzbar.

Gesamtgehzeit: 7 Std.; mit Besichtigung 8 Std.

Anstiege:
Wiederholte Anstiege von 20–30 m, zus. 110 m.

Markierung:
Blauer Strich; Ww. »Bad Stuer«, »Zum See«.

Fachwerkspeicher in Plau

Einer der schönsten Seen Mecklenburgs

Ehe wir loslaufen, besuchen wir die Stadt **Plau**. Ihr Name entstand aus dem slawischen »Plave«, was soviel wie »Flößort« bedeutet. Ende des

Hubbrücke über die Elde in Plau

Die Seefront von Kloster Malchow

12. Jahrhunderts entwickelte sich der Ort zu einer deutschen Siedlung. 1235 wurde Plau durch Pribislaw von Parchim-Richenberg das Stadtrecht verliehen. Mit dem Bau der frühgotischen Stadtkirche, einer sehr gut erhaltenen Backsteinkirche westfälischer Prägung, wurde Mitte des 13. Jahrhunderts begonnen. Die Außenfront des Chores zeigt eine starke Musterung und Gliederung des Backsteins. An den Chor schließen sich die dreischiffige Halle und der wuchtige, viereckige Turm an. Obwohl die Restaurierung 1877 bis 1879 manches verändert hat (besonders im Innern), vermittelt die Kirche nach außen noch immer den Eindruck, trutzige Beschützerin der Stadt zu sein.

Nach 1830 entwickelte sich in Plau Industrie, besonders durch die Einführung der Hochdruckdampfmaschine durch den Plauer Bürger Dr. E. Alban. Mitte des 19. Jahrhunderts begann der Fremdenverkehr; 1900 entstanden Kurhäuser und Pensionen. Aber in den neun Monaten außerhalb der Saison blieb Plau eine typische »Ackerbürgerstadt«. Erst 1965 wurde es staatlich anerkannter Erholungsort. Interessant ist die Hubbrücke über die Elde, die 1916/17 erbaut wurde.

Nach dem Besuch der *Stadtkirche* verlassen wir den *Marktplatz* durch die *Markt-* und *1. Wasserstraße*, die hinab zur **Elde** führen. Wir überqueren den Fluß auf der Hubbrücke, gehen geradeaus weiter, überschreiten die Chaussee Güstrow – Pritzwalk und kommen an den **Plauer See**. Nach dem Schwimmbad zweigt halb links ein Fußweg ab (blau, Ww. »Bad Stuer 9,7 km«). Er ist so ausgiebig markiert und gut beschildert, daß er nicht zu verfehlen ist. Anfangs führt er durch Badetourismusgelände: Camping-, Bade-, Kinderspiel- und Rastplätze. In die gepflegten Villenvororte *Plötzenhöhe* und *Am See* kommen an Feiertagen gern Hamburger, Hannoveraner und Berliner. Sie haben

Naturufer am Plauer See

nicht nur das Niveau, sondern auch die Preise in die Höhe getrieben. Später führt der Weg am Hochufer entlang und durch Wald. 2 ½ Kilometer vor Stuer muß man an einer Gabelung rechts gehen, sonst gibt es keine Probleme.

Am Ende von **Bad Stuer** setzt sich die blaue Markierung mit dem Wegweiser »Zum See« fort. Etwa 1 Kilometer nach dieser Abzweigung gabelt sich der Weg: Wir müssen den See verlassen und rechts hoch in den Wald. Nach einer größeren Lichtung rechter Hand treffen wir auf einen Weg, dem wir scharf rechts folgen und der die westlich des Weilers **Suckow** befindliche Bucht des Plauer Sees umgeht. Erst 1 Kilometer auf dem Hochufer, dann durch Wald gelangen wir in die Feriensiedlung **Zislow**. Wir durchqueren sie geradeaus und kommen nach 1 Kilometer an einen Telefonverteiler. Hier zweigt im rechten Winkel ein Sandweg nach links ab, der an zwei Häusern vorbei schließ-

Die Dorfkirche von Bad Stuer

Freizeitufer am Petersdorfer See

☞ AUF EINEN BLICK

Ausgangsort, Ausgangspunkt:
Stadt Plau, Marktplatz. Nach Plau gelangt man im Anschluß an Tour 6 mit der Bahn von Karow aus, Abfahrt 16 Uhr.

Zielort:
Malchow. Die Stadt besitzt Bahn-, Bus- und Schiffsanschluß.

Gehzeiten:
Plau – Bad Stuer 2½ Std.; Bad Stuer – Lenz 3½ Std.; Lenz – Malchow: 1 Std.

Abkürzungen:
Mit dem Schiff von Plau (Abfahrt täglich 10 Uhr) nach Seelust (–4 km) oder Bad Stuer (–11 km). Nur Di., Do., Sa., So. am Ende der Tour mit dem Schiff von Lenz (Abfahrt 15 und 16.45 Uhr) nach Malchow (–6 km). Benützt man beide Schiffskurse, verkürzt sich die Tour um 17 km auf dann 11 km.

Einkehr:
Zahlreiche Einkehrmöglichkeiten in Bad Stuer, Lenz und Malchow.

Unterkunft:
Malchow: Hotel »Deutsches Haus«, Kirchenstraße 13, Tel. (03 99 32) 10 90; »Inselhotel«, Tel. 86 00; drei weitere Hotels, Tel. 16 30, 1 41 54, 1 23 37; Privatzimmervermittlung durch den Verkehrsverein Malchow (s.u.).

Bademöglichkeit:
Plötzenhöhe, Seelust, Silbermühle, Bad Stuer und nördlich davon Großer Pätschsee, Lenz; insgesamt nicht weniger als neun Bademöglichkeiten.

Sehens- und Wissenswertes:
Plau: *Stadtkirche* aus dem 13. Jh., frühgotisch, Backsteinmusterung des Chores. • *Hubbrücke.*
Malchow: Stadtrecht seit 1235. *Rathaus* (18. Jh.) als zweigeschossiger, siebenachsiger Fachwerkbau.
• Ehem. Zisterzienserinnenkloster (1298) in *Kloster Malchow,* in der Reformation 1572 Umwandlung in ein evangelisches Jungfrauenkloster (bis 1920), Klosterkirche (neugotisch).

Alternativen für schlechtes Wetter:
Am Vormittag Besichtigung der Stadt *Plau,* dann mit dem Schiff nach *Malchow* und anschließend Besichtigung von Malchow und Kloster Malchow.

Auskunft:
17213 *Malchow:* Verkehrsverein, An der Drehbrücke, Tel. (03 99 32) 8 31 86, Mo. bis Fr. 9–19 Uhr, Sa./So. 9–13 Uhr.

Karten:
Wander- und Freizeitkarte Mecklenburg: Die großen Seen, 1:75 000, Nordland-Verlag, Schwerin. • TK 50 (AS), Blatt-Nr. 85-D (Plau). • TK 50, Blatt-Nrn. L 25 38 und L 25 40, LVA Schwerin.

lich in recht hügeliges Moränengelände führt. Es erreicht die 100-Meter-Höhenlinie. Nach 20 Minuten geht es abwärts, und wir gelangen zum sehr idyllisch gelegenen, wenig besuchten **Großen Pätschsee**, wo uns ein idealer Badeplatz in Empfang nimmt. Immer am Ufer entlang führt ein schmaler Fußpfad bis zu einem Wassergraben. Wir überqueren ihn auf einem behelfsmäßigen Knüppeldamm und gehen dann rechts an ihm 500 Meter vor zum **Plauer See**, wo man auf schmalem Brett wieder den Bach überschreitet.

Der Uferweg eröffnet nun wiederholt die herrlichsten Ausblicke auf den ausgedehnten Plauer See. Schilf steht am Rande; es ist ganz still. Der Rummel findet am gegenüberliegenden Ufer bei Plau statt. Der Uferpfad führt dann auf das Steilufer und schließlich nach rechts in den *Kaakbusch,* wo er auf einen Fahrweg trifft. Wir folgen ihm links und kommen nach einer Viertelstunde in die kleine Siedlung **Lenz**, wo an warmen Tagen am weiten Strand Badebetrieb herrscht, der sich jedoch verläuft.

Auf einer Brücke überqueren wir den Kanal, der die Verbindung zum *Fleesensee* herstellt. Gleich hinter der Brücke zweigt rechts ein neu angelegter Wanderweg ab, der uns entlang dem *Petersdorfer See* über **Biestorf** nach **Malchow** bringt. Nachdem man die Vorortsiedlung *Neue Heimat* durchlaufen hat, geht es hinunter zum **Malchower See**. Die Information ist links vor der *Drehbrücke;* Altstadt und Rathaus jedoch befinden sich hinter der Brücke, denn der Stadtkern liegt auf einer Insel im See.

DER BESONDERE TIP

Wenn man in Plau die 1. Wasserstraße hinab zur Elde gegangen ist, sollte man auf der Hubbrücke, die den Fluß überquert, stehen bleiben. Diese technische Hebebrücke wurde während des Ersten Weltkriegs in den Jahren 1916/17 erbaut, um Lastkähnen die Passage durch die Stadt zu ermöglichen. Blickt man, am anderen Ufer angekommen, zurück, könnte man meinen, in Holland zu sein: Hebebrücke, eine Gracht, darauf die dümpelnden Kähne, im Hintergrund die »Keerken«.

8 AM FLEESEN- UND KÖLPINSEE

Fleesen- und Kölpinsee setzen die Wasserstraße, die von Berlin bis Waren reicht, nach Westen fort. Der Reeckkanal an der Binnen-Müritz und der Malchower und Petersdorfer See stellen die Verbindung bis zum Plauer See her. Der Wanderweg führt nördlich der beiden Seen entlang, wo uns Wald und Wasser begleiten. Eine Besonderheit stellt dabei ein Wisentgehege dar, in welchem sich der 1957 angesiedelte Tierbestand versechsfacht hat. An kühlen, schattigen Tagen kann man auch südlich der Seen laufen, wobei Schloß Blücher in Göhren-Lebbin und Schloß Klink kulturelle Akzente setzen.

INFO ZUR TOUR

Tourencharakter:
Im wesentlichen schattige Wanderung durch viel Kiefernwald, die in Jabel mit einer alten, hohen Kirche unterbrochen wird. Auf halber Strecke wird der Besuch des Wisentgeheges auf dem Damerower Werder angeboten.

Weglänge:
20 km; mit Besuch des Wisentgeheges 24 km.

Gesamtgehzeit: 5 Std.; mit Wisentgehege 6 Std.

Anstiege: Geringfügig.

Markierung: Blau, rot.

Radwanderer am Jabelschen See

Kutschfahrt durch die Umgebung von Waren

Dorfkirche Jabel

Wasser, Wälder, Wiesen, Wisente

Vom *Bahnhof Nossentin* laufen wir 1 Kilometer auf der Autostraße nach Osten ins Dorf **Nossentin**. Nach diesem etwas monotonen Auftakt begeben wir uns vor dem Gutshaus rechts und am Parkeingang links in das schattige Parkgelände mit seinen alten Buchenbeständen. Hier können wir uns etwas die Füße vertreten. Das schmucklose Gutshaus aus unverputzten Ziegeln wirkt vom Park her nicht so trist wie von der Straßenseite.

Wir gehen zurück zur Landstraße und auf dieser 500 Meter bis zum Waldrand. Hier zweigt nach rechts ein Fahrweg zu »Fischzucht und Fischverkauf« ab. Über die Reusen hat man einen schönen Blick

Waldlandschaft bei Nossentin

auf den **Fleesensee**. Wir bleiben zunächst am Waldrand, verlassen ihn aber nach 150 Metern scharf rechts zurück auf einen Waldweg. In Ufernähe beschreibt dieser eine leichte Linkskrümmung. Dann bleiben wir geradeaus und folgen nicht nach rechts den Wagenspuren.

Nach 1 Kilometer treffen wir auf eine breite Riedlichtung, welche den Weg auf einer Länge von 200 Metern unterbricht. Hier haben wir die Wahl: Die leichte Variante führt beim Austritt aus dem Wald links vor zur Autostraße. Dort begleitet ein von ABM-Kräften angelegter Fußweg den Autoverkehr. Nach 3 Kilometern Geradeauswanderung treffen beide Varianten zusammen. Auf der Pfadfinder-Variante machen wir ein Umwegmanöver, indem wir am Waldrand rechts vor bis zu einem Hochsitz laufen, hier scharf links auf den gegenüberliegenden Rand der Lichtung

Segelboote auf der Müritz

Wer Radpannen hat, beneidet Wanderer

Auf Holzstegen gelangt man nach Waren

AUF EINEN BLICK

Ausgangsort, Ausgangspunkt:
Bahnhof Nossentin. Hierher von Malchow mit der Bahn (nach 8 Uhr, 2-Stunden-Takt).

Zielort:
Waren an der Müritz.

Gehzeiten:
Bahnhof Nossentin – Jabel 2 Std.; Jabel – Waren 3 Std.

Abkürzungen:
1. Mit der Bahn bis Jabel – Wisentpark – Waren (14 km). 2. Bahnhof Nossentin – Jabel – Wisentpark – Bahnhof Jabel (16 km).

Einkehr:
Jabel: Café »Quisisana«. • *Damerow:* Fisch-Imbiß. • *Waren:* Viele Straßencafés in der Langen Straße.

Unterkunft:
Malchow: Hotel »Alt-Malchow«, Tel. (03 99 32) 1 23 37; »Inselhotel«, Tel. 10 90; Sporthotel, Tel. 141 54. • *Waren:* Zwölf Hotels und zahlreiche Privatzimmer, Zimmervermittlung durch die Müritz-Information. Rechtzeitige Vorbestellung ist in der Saison dringend empfohlen.

Jugendherberge: Siehe Tour 10.

Bademöglichkeit:
Nossentin, nach der Fischzucht im Fleesensee. • Jabelscher See vor Damerow. • Waren, Strandbad.

Sehens- und Wissenswertes:
Malchow: Siehe Tour 7.
Damerower Werder: Wisentgehege. **Waren:** *Kirche St. Georgen* (1225). • *St. Martin* (13./14. Jh.). • *Alter* und *Neuer Markt.*

Alternativen für schlechtes Wetter:
Mit dem Schiff von Malchow nach Waren.

Auskunft:
Waren: Waren-Müritz-Information, Neuer Markt 19, Tel. (0 39 91) 66 43 92, Mo. bis Fr. 10–12, 14–17 Uhr, Sa. 10–13 Uhr. • »Weiße Flotte«, Tel. 26 70 oder 23 53.

Variante:
Nur an kühlen, schattigen Tagen zu empfehlen, da mit 27 km recht lang: Malchow – Kloster Malchow – Laschendorf – Untergöhren – Göhren – Lebbin (Schloßhotel »Blücher«) – Kirch Poppentin – Sembzin – Klink (Schloß) – Eldenburg – Waren.

Karten:
Wander- und Freizeitkarte Mecklenburg: Die großen Seen, 1:75 000, Nordland-Verlag, Schwerin. • TK 50, Blatt-Nr. L 25 42 (Waren), LVA Schwerin.

zuhalten, dabei den von Wasserlinsen bedeckten Graben auf einem kleinen Damm überqueren und durch Gras und Wiesen weglos hinüber zum Waldrand gehen.

Wir laufen etwa 100 Meter links an ihm entlang, bis ein ausgehobener Sandgraben rechts in den Kiefernwald führt. An einem Hochsitz trifft man auf die Fortsetzung des Weges, der zum Schluß links über die Gleise auf die Chaussee mündet. Neben der Autostraße wandern wir auf einem Fußweg 1 Kilometer bis **Jabel** und durchqueren das Dorf, wobei ein Besuch der stattlichen Kirche mit ihren gotischen Blendgiebeln vom Friedhof her recht lohnend ist.

Es folgt ein sonniges Stück Fußweg wieder neben der Autostraße. Nach 1 Kilometer gabelt sich die Straße vor dem Bahnübergang, wobei wir uns nach rechts wenden. Kurz nach dieser Gabelung schwenken wir nach einer kleinen Brücke nochmals rechts Richtung Damerow (Ww. »Waren 12,9 km«) und sind nun endlich die Autos los. Schön und schattig geht es 20 Minuten am **Jabelschen See** entlang. Nach einem rechts stehenden, großen Haus mit Reetdach zweigt links der Wanderweg nach Waren ab (Ww. »10 km«).

Geradeaus kommt man über **Damerow** an das **Wisentgehege** (siehe »Der besondere Tip«), was die Strecke um 4 Kilometer verlängert. Der Wanderweg nach Waren führt in leichten Windungen zunächst an zwei rechts liegenden Seen vorbei, dann durch Wald, über eine Riedlichtung und wieder durch Wald. Eine Stunde nach der Abzweigung vor Damerow trifft man auf eine befestigte Straße, der man halb links folgt. An einer späteren Gabelung gehen wir rechts und kommen schließlich nach einer weiteren halben Stunde auf die B 192, auf der wir nach links nur 200 Meter laufen müssen, dann zweigt rechts am Waldrand ein Weg zur **Binnen-Müritz** ab.

Freilich bekommt man vom Wasser zunächst wenig zu sehen, da das Ufergelände lange Zeit mit Bootshäusern, Werften und anderem verbaut ist. Einmal geht es im hinteren Uferbereich sogar auf Bohlen über Gräben und Tümpel. Endlich kommt man durch das Freibad von **Waren**, dessen Gelände im Sommer von Jahr zu Jahr mit mehr Segelbooten und Jollen bedeckt ist. Nach dem Verlassen des Strandes gehen wir rechts die *Gerhard-Hauptmann-Allee* zur hübschen Seepromenade und schließlich durch die Fußgängerzone, die schon ganz »westlich« wirkt, zum *Markt.* Dieser schöne Platz wird von der alten *Löwenapotheke* (rechts die Information) und dem *Neuen Rathaus* im Tudorstil umstanden.

DER BESONDERE TIP

Wenn Sie gut zu Fuß und die ohnehin längere Wanderstrecke von 20 Kilometern um weitere 4 Kilometer zu verlängern bereit sind, sollten Sie an der Abzweigung des Weges nach Waren geradeaus über Damerow ins Wisentgehege auf dem Damerower Werder gehen. Das Gehege wurde 1957 angelegt, um das vom Aussterben bedrohte Wisent zu vermehren. Man begann mit fünf Tieren, jetzt sind es über 30. Mittags dösen die Wisente im Schatten, aber um 10 und 15 Uhr finden täglich öffentliche Fütterungen im Schaugatter statt.

9 MALCHIN UND BASEDOW

Die Wanderung beginnt mit einer Besichtigung der Kleinstadt Malchin, wo eine der größten gotischen Kirchen Mecklenburgs und ein reich verziertes Stadttor sehenswert sind. In der ersten Hälfte läuft man 1½ Stunden auf einer höher gelegenen Alleestraße, von der aus man über den Peene-Niederungen die Hügelkette der Mecklenburgischen Schweiz erblickt. In der zweiten Hälfte liegt der kulturelle Höhepunkt der Tour: das Dorf Basedow mit der Dreiflügelanlage des Schlosses und seinem Landschaftspark von Lenné sowie Altar und Orgel der Dorfkirche – mit das Gediegenste, das Mecklenburg an Orgelbaukunst vorzuweisen hat.

INFO ZUR TOUR

Tourencharakter:
Kürzere Wanderung, die im wesentlichen auf asphaltierten Alleestraßen verläuft. Der Ort Basedow unterbricht mit seinen historischen Sehenswürdigkeiten die Tour für 1–2 Std.

Weglänge: 13 km.

Gesamtgehzeit:
3–4 Std.; mit Besichtigungen 5 Std.

Anstiege: Ca. 40 m.

Markierung: Keine.

Wiesenlandschaft bei Gessin

Kirchen und Schloß von historischem Wert

Am Vormittag gelangen wir mit dem Bus von Waren nach **Malchin**. Hier besuchen wir die mächtige *Stadtkirche St. Maria und Johannes*. Die in der ersten Hälfte des 15. Jahrhunderts nach einem Stadtbrand neu errichtete dreischiffige Basilika hat gewaltige Ausmaße. Sie ist eine der größten gotischen Backsteinkirchen von Binnen-Mecklenburg. Das gotische Netzgewölbe und dessen Stützpfeiler sind großartig.

Das Kalensche Tor im Norden Malchins

Schloß Basedow

Dann laufen wir an der Kirche vorbei nach Südwesten Richtung Waren. Von der *Deutschen Alleenstraße* sieht man dabei im Westen die Höhenzüge der **Mecklenburgischen Schweiz**, die sich im Ostberg bis auf 115 Meter erhebt. Dieses Landschaftsschutzgebiet eignet sich aufgrund der Sandwege nur bedingt zum Wandern. Nach 8 Kilometern zweigt links die Straße nach **Basedow** ab. Unter schönen Alleebäumen gehen wir hinunter ins Dorf.
An der Gabelung begeben wir uns links zum *Schloßkomplex*.

Die Dreiflügelanlage entstand vom 16. bis ins 19. Jahrhundert. Der große Gebäudekomplex besteht aus drei Bauteilen:

Die berühmte Orgel von Basedow

Malchin, Portal von St. Johannes

Basedow, Orangerie: Terrakottendekor

Im 16. Jahrhundert wurde der dreigeschossige Mitteltrakt mit seinen dezenten Giebeln und dem interessanten Treppenturm errichtet; Ende des 17. Jahrhunderts wurde nördlich davon ein zweigeschossiger Flügel angebaut; und von 1892 bis 1895 hat man den Südflügel als fünfstöckigen Bau im überreich verzierten Neorenaissancestil erstellt. Ein Turm sollte den übertriebenen Aufwand noch überhöhen. Der Bauherr, ein Baron von Hahn, war einer der reichsten Männer Mecklenburgs – er besaß 99 Güter. Dabei ließ er es bewenden, denn bei 100 Gütern hätte er ein eigenes Regiment aufstellen müssen.

Die gesamte Anlage befindet sich in einem traurigen Zustand; trotzdem bewohnen sie noch etwa 20 Familien. Dem Charme eines besonderen architektonischen Luxus kann man sich nicht entziehen, wenn man die große Eingangshalle im Neubau des 19. Jahrhunderts betritt:

AUF EINEN BLICK

Ausgangsort, Ausgangspunkt:
Bahnhof Malchin. Hierher mit Bus von Waren, Abfahrt ab Bahnhof 8.30 Uhr, an Malchin 9.12 Uhr. (Die Bahnlinie Waren – Malchin ist stillgelegt.)

Zielort:
Gielow. Rückfahrt mit Bus ab Gielow Denkmal 14.58 Uhr oder 16.36 Uhr (Mo. bis Fr.).

Gehzeiten:
Malchin – Basedow 2–3 Std.; Basedow – Gielow 1 Std.

Einkehr:
Gielow: Restaurant »Hainholz«.

Unterkunft: Siehe Tour 8.

Jugendherberge:
17166 *Dahmen* (8 km südwestl. Basedow), Dorfstraße 53, Tel. (03 99 33) 552, 130 Betten.

Sehens- und Wissenswertes:
Malchin: *Stadtkirche St. Maria und Johannes* (15. Jh.), eine der größten Backsteinbasiliken Binnen-Mecklenburgs. • Ehem. *Stadtbefestigung:* Fangelturm (15. Jh.) mit Giebel (16. Jh.), Kalensches Tor (15. Jh.), Steintor (1893 restauriert). **Basedow:** *Slawisches Großsteingrab,* 1 km nordöstl. des Dorfes. • *Schloß:* Dreiflügelanlage (16.–19. Jh.), Eingangshalle (1892–1895) erhalten. • *Landschaftspark* von Peter Joseph Lenné (1835–1852). • *Dorfkirche* mit Altaraufbau (1592), Kanzel (1691), Taufbecken (17. Jh.) und reich verziertem Orgelprospekt (1680–1683). Im Sommer finden hier regelmäßig Orgelkonzerte mit namhaften Interpreten statt.

Auskunft:
17139 *Malchin:* Tourismusverband Mecklenburgische Schweiz, Am Bahnhof, Tel. (03994) 22 47 55, Mo. bis Fr. 8–16 Uhr. • Stadtinformation in der Sakristei der Johanneskirche.

Varianten:
Mit dem Taxi von Malchin nach Remplin (4 km), am westl. Ortsausgang links auf Nebenstraße Richtung Wendischhagen, nach 4 km links auf Feldweg neben einer Telefonleitung 3 km nach Basedow-Höhe, von da wie beschrieben. • Von Malchin südl., nach 2 km rechts über Jägerhof und Viezenhof nach Basedow.

Karten:
TK 50 (AS), Blatt 74-C (Teterow). • TK 50, Blatt-Nummern. L 2340 (Teterow) und L 2342 (Malchin), LVA Schwerin.

Außer den Karyatiden aus Stein ist die ganze Halle mit Holz vertäfelt: die Säulen, der Treppenaufgang, die Empore, die Türen mit ihren Schmuckgiebeln – der Jugendstil ist unverkennbar. Hinter dem Schloß liegt ein ausgedehnter, reichlich verwilderter Landschaftspark, eine der Meisterleistungen Peter Joseph Lennés.

Und dann kommt das Kleinod des Tages: die *Kirche* von Basedow. Betrachtet man den neugotischen Turm, ahnt man nicht, welche Kostbarkeiten der Renaissance und des Frühbarocks sich im Innern befinden. Ist schon der Altar eine Augenweide, so gehört die Orgel von 1683 zu den Meisterleistungen an Orgelbaukunst innerhalb Mecklenburgs. Die Patronatsfamilie von Hahn stiftete den hohen Renaissancealtar (1592), die Kanzel (1691), den Taufbehälter, die Orgelempore (1615) und als Glanzstück den Orgelprospekt (1680–1683). Er ist ein Werk von Samuel Gerke aus Güstrow und dessen Sohn aus Hildesheim. Den Übergang von der Spätrenaissance zum Frühbarock kann man an diesem Orgelprospekt besonders gut studieren.

Nach dem Besuch der Dorfkirche gehen wir bis an die Straßengabelung zurück und hier rechts (Ww. »Gielow«, blau). Linker Hand spiegelt sich das Schloß mit seinem Turm malerisch im stillen Wasser des Dorfteiches: Man könnte den traurigen Verfall nachgerade vergessen. Bis **Gessin** setzt sich auch hier die Alleenstraße für 2 Kilometer fort. Sie führt durch eine sehr wellige Moränenlandschaft. Auf den Weiler Gessin folgen offene Straße, dann etwas Wald; zum Schluß geht es steil hinunter ins Dorf **Gielow**. Zur Bushaltestelle muß man noch durch das Dorf laufen; erst hinter dem Übergang der stillgelegten Bahn kommt das »H«-Zeichen. Nach Waren fährt Montag bis Freitag gegen 16.30 Uhr, zurück nach Malchin schon 16 Uhr ein Bus, allerdings nur Montag, Mittwoch und Donnerstag. Eine eventuelle Wartezeit läßt sich im Restaurant »Hainholz« überbrücken.

DER BESONDERE TIP

Daß das Dorf Basedow den besonderen Tip der Tour bildet, geht bereits aus der Streckenbeschreibung hervor. Gönnen Sie sich die Zeit, außer der Eingangshalle im Schloß den ausgedehnten Park zu besuchen, eine der bedeutendsten Gartenschöpfungen Lennés. Die Sichtachsen sind auf den Marstall (1838), das Landhaus (1842), die Brauerei (1850), den Hundezwinger (1865) und das Haus des Sekretarius (1865) gerichtet. In der Kirche findet man außer Altar und Orgel mit ihren Schutzflügeln und Vorhängen noch vier Sandsteinepitaphe (16. Jh.), eine Triumphkreuzgruppe aus der Zeit um 1500 sowie mehrere Schnitzfiguren aus der zweiten Hälfte des 15. Jahrhunderts.

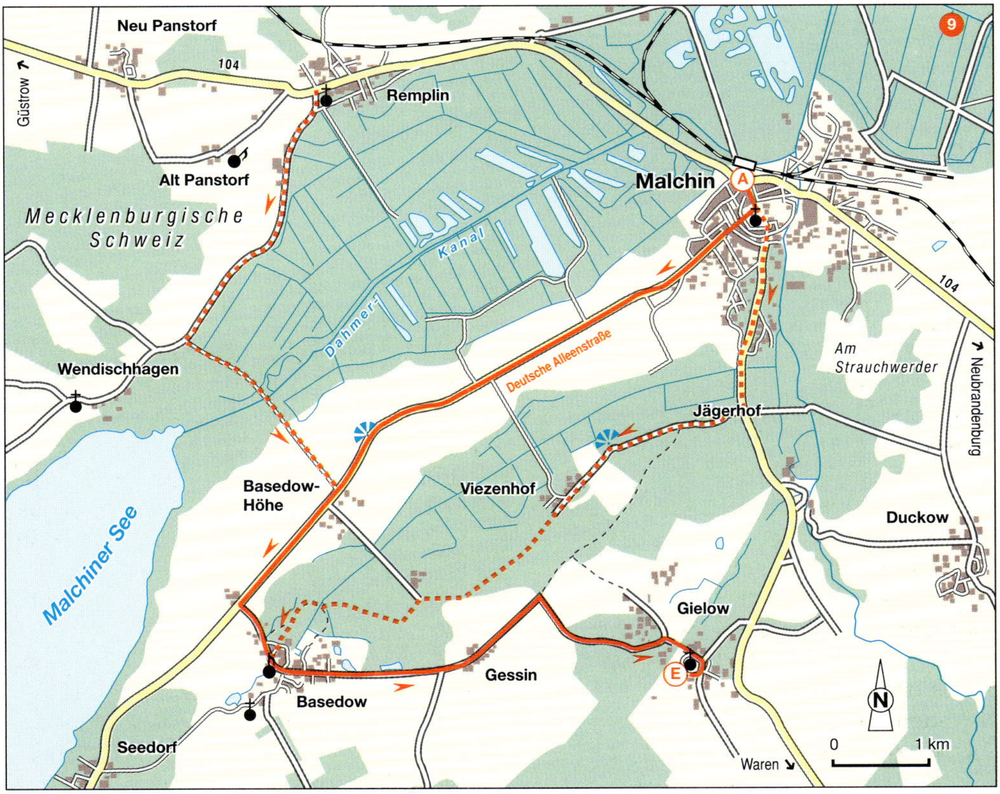

10 DER MÜRITZ-NATIONALPARK

Eine Durchquerung des Müritz-Nationalparks ist eine sehr ausgedehnte, aber auch erlebnisreiche Wanderung. Uferlandschaften an der Binnen- und Außen-Müritz, Wälder, Heiden, Brüche und Moore mit eingelagerten Seen sorgen für große Abwechslung. Die Wanderung erfolgt auf gut gerichteten und hervorragend markierten Waldwegen, gelegentlich auch etwas sonnig. Varianten lassen die an sich lange Wegstrecke verkürzen oder sogar noch verlängern, wodurch auch die Information im Schloß Speck einbezogen werden kann.

INFO ZUR TOUR

Tourencharakter:
Zwar ausgedehnte, aber abwechslungsreiche Wanderung auf gut begehbaren Wegen ohne Orientierungsprobleme.

Weglänge: 27 km; Varianten von 18–30 km.

Gesamtgehzeit: 6–7 Std.; Varianten 5–8 Std.

Anstiege: 18 m.

Markierung:
Blaues »M« (Müritz-Nationalparkweg); auf einzelnen Etappen auch rot, Eichhörnchen- und Pilzsymbole; Abkürzung bei Schwarzenhof gelb; von da an schwarz und Fahrradsymbol; ausreichend Ww.

Wiesen, Wasser, Wolken: die Müritz

Am »größten See« Deutschlands

Die **Müritz** ist der zweitgrößte See Deutschlands. Die Einheimischen behaupten sogar nicht ganz zu Unrecht, es sei der größte, denn der Bodensee habe auch ein Schweizer und österreichisches Ufer. Die Müritz besitzt

Waren, Löwenapotheke am Neuen Markt

117 Quadratkilometer Wasserfläche, ist 13 Kilometer breit und 29 Kilometer lang. Der Name leitet sich vom slawischen Wort »morcze« ab, was »kleines Meer« bedeutet. Der heutige Wasserstand entspricht etwa dem Niveau vor rund 1000 Jahren. Vorher war die Müritz niedriger, was, da die mittlere Tiefe nur 6 Meter beträgt, die Auflösung in viele kleinere Seen, Inseln und Halbinseln zur Folge hatte. Am Ostufer ist ein 500 Meter breiter und etwa

△ **Viehherde im Müritz-Nationalpark**

▽ **Wald-Ried-Biotop bei Boek**

10 Kilometer langer Uferstreifen Bestandteil des Nationalparks und durch gelbe Bojen gekennzeichnet. Über den Müritz-Havel-Kanal besteht Wasserverbindung bis Berlin, was Paddler und Kanufahrer zu schätzen wissen.

Der Müritz-Nationalpark umfaßt eine 310 Quadratkilometer große Fläche aus Wäldern, Heiden, Brüchen, Mooren und 117 Seen mit eiszeitlichem Formenschatz: 700 Pflanzenarten, 800 Schmetterlings-,

Waren, St.-Georgen-Kirche

AUF EINEN BLICK

Ausgangsort, Ausgangspunkt:
Waren, Anlegestelle der Schiffe an der Steinmole.

Zielort:
Boek. Wenn man hier kein Quartier findet, dann mit Bus oder Taxi nach Mirow, Tel. (039833) 20722, 20454.

Gehzeiten:
Waren – Ziegenberg 3 Std.; Ziegenberg – Specker Horst 2 Std.; Specker Horst – Boek 1½ Std.

Einkehr:
Warener Stadtforsttannen, Müritzufer. • *Boek:* siehe Unterkunft. Ansonsten Rucksackverpflegung.

Unterkunft:
Boek: »Landhaus Boek«, Tel. (039823) 21373; Hotel »Müritz-Park«, Tel. 21559, 21560; »Boeker Mühlen«, Familie Szelag, Tel. 21682, 80 Betten, Voranmeldung für Gruppen. • *Feriendorf Granzow:* Postfach 37, Tel. (039833) 20310, 20545, 400 Betten, für Gruppen geeignet. • *Mirow:* Hotel »Mecklenburger Hof«, Töpferstraße 1, Tel. (039833) 20302; Hotel an der Seepromenade, Tel. 2820; Pension »Schloßinsel«, Tel. 20346, 40 Betten; Pension »Oase«, Tel. 22194; ca. 500 Betten privat über das Fremdenverkehrsbüro.

Jugendherberge:
17192 *Waren,* Auf dem Nesselberg 2, Tel. (03991) 2261, 42 Betten. • 17252 *Mirow,* Retzower Straße, Tel. (039833) 22057, 100 Betten.

Bademöglichkeit: Campingplatz Boek.

Sehens- und Wissenswertes:
Waren: *Kirche St. Georgen* (14.Jh). • *Kirche St. Marien* (13./14. Jh.). • *Alter Markt* mit Altem Rathaus. • *Neumarkt* mit Löwenapotheke (1599) und Neuem Rathaus im Tudorstil.
Nationalpark Müritz.
Mirow: Siehe Tour 11.

Alternativen für schlechtes Wetter:
Waren: Stadtführung, Mo.–Do., Sa. 11 Uhr ab Waren-Information, Neuer Markt 19; Müritz-Museum, Friedenstraße 5, Tel. (03991) 3742, 4368, Di.–Fr. 9–18 Uhr, Sa./So. 9–12, 14–17 Uhr; Müritz-Aquarium, Herrenseebrücke; Große Müritz-Rundfahrt, Am Kietz, Tel. 2670, ab 13 Uhr.

Auskunft:
17192 *Waren:* Waren-Information, Neuer Markt 19, Tel. (03991) 664392, Mo. bis Fr. 10–12, 14–17 Uhr, Sa./So. 10–13 Uhr. • 17248 *Boek:* Nationalpark-Müritz-Information, tägl. 10–17 Uhr. • 17252 *Mirow:* Stadt-Information im Torhaus, Tel. (039833) 28022, Mo. bis Fr. 9–18 Uhr.

Varianten:
Mit Auto oder Taxi bis zum Parkplatz 1 km vor der Gaststätte am Warener Stadtforsttannen (dann 23 km Gesamtlänge). • Von den Müritz-Sägewerken direkt zum Warnker See (Markierung rot, violett; dann 18 km). • Über Schwarzenhof – Rehhof – Specker Schloß (Informationszentrum) – Boeker Forst nach Boek, alles mit »M« markiert (dann 30 km).

Karte:
Müritz-Nationalpark Wanderkarte 1:50000, Euroagentur, erhältlich bei der Waren-Information.

DER BESONDERE TIP

Auf der Wanderstrecke befinden sich beim Verlassen des Müritzsees, am Warnker See, gegenüber dem Rederangsee und im Specker Wald insgesamt sechs Beobachtungsstände, von denen aus man vor allem See- und Fischadler, Schwarzstörche und Kraniche sowie andere seltene Vögel beobachten kann.

400 Spinnen- und über 1000 Käferarten, dazu See- und Fischadler, Schwarzstörche und Kraniche wurden in diesem riesigen Biotop gezählt. Kurioserweise ist dies das Ergebnis des Umstandes, daß das Gelände östlich der Müritz als Staatsjagdgebiet der DDR-Oberen und zum Teil bis heute als Truppenübungsplatz diente. Die daraus resultierende dünne Besiedlung

nutzte 1954 Kurt Kretschmann durch Gründung der »Lehrstätte für Naturschutz Müritzhof« als Keimzelle des Nationalparks. Seitdem wird er ständig erweitert und in seiner Infrastruktur verbessert. Auch heute noch ist der Park in der Aufbauphase. Gleichwohl sind markiertes Wegenetz, Beobachtungsstände, Informationstafeln, Radwanderwege, Rastplätze usw. von guter Dichte. Die Müritz-Nationalpark-Wanderkarte 1:50000 gibt darüber detaillierte, manchmal etwas übertriebene Auskunft. Das Nationalparkamt Mecklenburg-Vorpommern hat seinen Sitz im Specker Schloß.

Von der Anlegestelle der Schiffe an der *Steinmole* in **Waren** laufen wir immer am Wasser entlang rechts um den Hafen herum. Hinter einem roten Backsteinhaus treffen wir das erste Mal auf das Holzschild »Nationalpark« mit dem blauen »M«. Nach dem kurzen Industriegelände und dem linker Hand befindlichen *Feisnecksee* biegt hinter den *Müritz-Sägewerken* der Nationalparkweg rechts ab (Ww. »Wienpietschseen«, rot, Eichhörchen- und Pilzsymbol).

Von nun an können wir den Weg praktisch nicht mehr verfehlen. Es geht immer in Ufernähe erst der *Binnen-Müritz*, dann der *Müritz* am Rand der *Warener Stadtforsttannen* entlang. Nach 1¼ Stunden kommt ein Beobachtungspunkt, von dem aus es im rechten Winkel links in den Wald hineingeht. Nach 1 Kilometer biegt der »M«-Weg wieder in die alte Südostrichtung um, und man gelangt, in Sichtweite des links liegenden *Warnker Sees* an den *Ziegenberg* (Rastplatz). Von hier geht es 6 Kilometer immer am Waldrand entlang, vorbei an zwei Beobachtungsständen, zum Gehöft **Schwarzenhof**.

Einen reichlichen Kilometer vor dem Schwarzenhof mündet von rechts ein Plattenweg ein, den wir als Abkürzung zum Radweg nach *Boek* benutzen (Ww. »Specker Horst 3 km«, gelb, Fahrradsymbol). Der Weg ist etwas sonnig, da er auf einem Damm durch das westliche Sumpfgelände des *Specker Sees* führt, in dem nur niedrige Birken gedeihen. Nach **Specker Horst** läuft man 1½ Kilometer an einem Kanal entlang und links über eine Brücke in den *Specker Wald*. Von der Brücke wandern wir dann noch 2 Kilometer, bis wir, aus dem Wald tretend, die ersten Häuser von **Boek**, vor allem den Sendeturm, sehen. Bis ins »Zentrum« der kleinen Siedlung sind es allerdings nochmals 1½ Kilometer. Die Quartierkapazität des Ortes ist begrenzt; Sie sind daher gut beraten, wenn Sie zuvor von Waren aus Unterkunft vorbestellen oder sich erkundigen, wann ein Bus von Boek nach Mirow fährt, wo es Hotels und Privatzimmer und auch Bahnanschluß gibt.

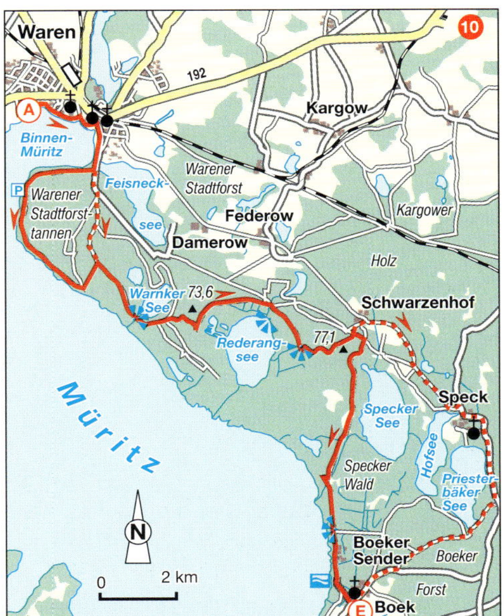

chloßinsel 2
Schloßinse

11 SEEN VON MIROW BIS WESENBERG

Südlich der Müritz liegen in dem Viereck zwischen Mirow – Rheinsberg – Fürstenberg – Neustrelitz an die hundert Seen. Wo nicht die Natur durch die Havel Verbindungen zwischen ihnen geschaffen hat, hat der Mensch mit dem Bau von Kanälen und Schleusen nachgeholfen, um von Berlin bis Waren an der Müritz eine durchgehende Wasserstraße zu schaffen. Die Wanderung führt durch den nordwestlichen Teil dieses Wassergürtels. Dabei liegen am Beginn mit Mirow und seinem restaurierten Schloß und am Ende mit Wesenberg zwei Städte von historischem Wert.

INFO ZUR TOUR

Tourencharakter:
Wanderung auf wenig befahrenen Nebenstraßen, neu gerichteten Radwegen oder Sandstraßen durch eine abwechslungsreiche Seen-Wald-Landschaft.

Weglänge: 19 km.

Gesamtgehzeit: 5–6 Std.

Anstiege:
Ca. 80 m, verteilt auf mehrere Etappen.

Markierung:
Hinreichend Ww., bei Neu Canow rot, zum Schluß grün.

Ufer an der Schloßinsel von Mirow

Die Müritz-Havel-Wasserstraße

Die 8 Kilometer von **Mirow** bis zur **Fleether Mühle** legt man am besten mit dem Bus oder dem Taxi (Tel. 207 22, 204 54) zurück. Hinter dem alten Mühlengebäude biegen wir rechts ab (Ww. »Diemitz«). Gleich nach der Abzweigung tut sich ein erster schöner Blick über die Wasserverbindung zwischen dem *Rätzsee* und dem *Vilzsee* auf. Ein windiger Investor plant hier eine Kurklinik, ein Nobelhotel und Produktionsstätten – wenn das genehmigt würde, wäre die Idylle kaputt.

2 Kilometer weiter gelangen wir zur **Diemitzer Schleuse**, wobei wir zum Schluß die Asphaltstraße verlassen und

Grünes Licht an der Diemitzer Schleuse

Teichrosen auf dem Krummen Woklowsee

Grabmal Adolf Friedrich VI. ▷

◁ Fahrt durch die Mirower Schleuse

☞ Auf einen Blick

Ausgangsort, Ausgangspunkt:
Fleether Mühle. Hierher mit Bus, ab Mirow Di., Do. vor 8 Uhr, oder an Schultagen kurz nach 13 Uhr.

Zielort:
Wesenberg, Bahnhof. Von hier mit der Bahn zurück nach Mirow oder nach Neustrelitz (2-Stunden-Takt).

Gehzeiten:
Fleether Mühle – Seewalde 3 Std.; Seewalde – Wesenberg 2–3 Std.

Einkehr:
Diemitzer Schleuse: Imbiß. • *Canower Schleuse:* »Pavillon Canow«. • *Wesenberg:* Gasthof »Fuchs«; Cafés.

Unterkunft:
Mirow: Pension »Schloßinsel«, Tel. (03 98 33) 203 46; Privatzimmer. • *Wesenberg:* Gasthof »Fuchs«, zwei Doppelzimmer, Di. bis So., Tel. (03 98 32) 203 48; ca. 40 Privatzimmer, vermittelt durch den Fremdenverkehrsverein.

Bademöglichkeit:
Labussee und Gobenowsee.

Sehens- und Wissenswertes:
Mirow: *Schloß* (1749–1752; 1996 war die Restaurierung noch im Gange); Insel im Schloßpark mit Grabmal Adolf Friedrich VI.
Wesenberg: *Burg* mit Fremdenverkehrsverein und Museum. • *St. Marien-Kirche* (siehe Tour 12).

Alternativen für schlechtes Wetter:
Schiffahrt auf der *Müritz-Havel-Wasserstraße.*

Auskunft:
17252 *Mirow:* Verkehrsamt im Torhaus, Tel. (03 98 33) 280 22, Mo. bis Fr. 9–18 Uhr. • 17255 *Wesenberg:* Fremdenverkehrsverein in der Burg, Tel. (03 98 32) 206 21, 202 34, tägl. 8–16 Uhr.

Karten:
Wander- und Freizeitkarte Müritz-Nationalpark, 1:75 000, Nordland-Verlag, Schwerin. • TK 50 (AS), Blatt-Nr. 98-B (Mirow), LVA Schwerin.

auf einem Sandweg geradeaus weiterwandern. An der Schleuse queren wir die Müritz-Havel-Wasserstraße. Von der *Müritz* verläuft sie über die *Kleine Müritz,* den *Sumpfsee,* den *Zotzen-, Mössen-, Vilz-, Labussee,* den *Canower See,* den *Kleinen Pälitz-* und den *Ellbogensee* zur *Havel* bis *Fürstensee.* Drei Schleusen begleichen dabei die Höhenunterschiede zwischen den Seen: die *Mirower,* die *Diemitzer* und die *Canower Schleuse.*

Die Mirower Schleuse kann man am Vormittag zusammen mit dem Schloß (siehe »Der besondere Tip«) besuchen, wenn man genügend Zeit hat oder erst den Mittagsbus zur Fleether Mühle benutzt. Auf der Diemitzer Schleuse stehen wir jetzt. Im Sommer sind die Schleusen durch die Fahrgastschiffe und den Wassertourismus mit Falt-, Paddel- und Motorbooten stark frequentiert. Es ist jedesmal ein schönes Schauspiel, wenn die Schleusentore geschlossen werden und die Boote und Schiffe sich heben oder senken. Geduldig schauen Wanderer und Radfahrer dem technischen Trick zu.

Der Weiterweg führt am **Labussee** vorbei, wo Bademöglichkeit besteht. Nach weiteren 2 Kilometern Wanderung kommen wir zur dritten, zur **Canower Schleuse**. Anschließend laufen wir durch den Dorfkern von **Canow** und verlassen am Ortsende am Parkplatz die Straße halb rechts (Ww. »Neu Canow, 4 km«). Nach 300 Metern bleiben wir geradeaus und benutzen den neu angelegten Radweg. Der schöne Weg führt erst leicht bergab, schließlich einen reichlichen Kilometer lang durch Wald. An einer rechts befindlichen Lichtung kommen wir zu einer Wegkreuzung, wobei wir links auf einem ansteigenden Sandweg (kein Ww.) nach **Neu Canow** gelangen.

Wir durchqueren die Hausansiedlung, an deren Ende wir rechts abbiegen. Jetzt gibt es wieder einen Wegweiser, der uns verrät, daß es bis Wesenberg noch 9 Kilometer sind. Etwas über die Hälfte der Strecke haben wir also zurückgelegt. Der Wanderweg führt zunächst recht steil hinab zum **Gobenowsee**, wo sich ein sehr idyllischer Badeplatz befindet. Auf einem wurzelreichen Weg laufen wir anschließend an dem schmalen See zur Straße, wo wir links gehen. Sie führt auf einer Brücke über die Verbindung zwischen *Gobenowsee* und *Klenzsee*.

DER BESONDERE TIP

Am Morgen sollten wir das Mirower Schloß auf der Schloßinsel besuchen. Der schöne Barockbau in ausgewogenen Proportionen wurde von 1749 bis 1752 erbaut. Mit Vestibül, Gartensaal, zentralem Festsaal im Obergeschoß sowie reichem Wand- und Deckenstuck italienischer Künstler hat man einen gewaltigen Aufwand getrieben. Seit 1984 wird das Schloß total restauriert, erst durch die DDR, jetzt durch das Land Mecklenburg. Auf der Liebesinsel steht das Grabmal des letzten Strelitzer Großherzogs. Er starb 1918 mit 36 Jahren; sein früher Tod wird durch einen Säulenstumpf, an dem sich eine Schlange emporzieht, symbolisiert.

Nach 1 Kilometer kommen wir an **Seewalde** vorbei. Nach einem kurzen Straßenanstieg zweigt rechts der Radweg nach Wesenberg ab (Ww.). Wenn wir nach einer halben Stunde **Neu Drosedow** durchquert haben, verlassen wir die Straße nach links auf einer als Reit- und Forstweg ausgewiesenen Sandstraße. In stetigem Auf und Ab kommt man zuerst am *Peetschsee*, später am schmalen Ende des *Krummen Woklowsees* vorbei, auf dem schöne Teichrosen blühen. Die Markierung ist hier grün. 300 Meter nach diesem Seezipfel kreuzen wir die Sandstraße Drosedow – Wesenberg. Hier biegen wir rechts ab; der Wegweiser hat die Entfernung zu unserem Tourenziel mit 5 Kilometern etwas zu reichlich bemessen.

Wesenberg ist eine typische mecklenburgische Landstadt. Um 1250 hat Fürst Nikolaus von Werle die Stadt gegründet; von der alten *Burg* sind im Südosten noch Reste vorhanden. Die hier befindliche Information ist allerdings aus der Zeit nach der Wende. Diese neue Zeit bemüht sich, der bis 1989 recht vernachlässigten Stadt ein neues Image zu verleihen. In der Chronik wird 1978 die Anlage einer Mülldeponie und 1982 die Schaffung einer »Kinderkombination« fleißig vermerkt. 200 Meter der *Mittelstraße* sind jetzt eine neu gepflasterte Fußgängerzone – die Wesenberger nennen das ihren »Boulevard«.

12 WESENBERG – FÜRSTENBERG

Ein Blick auf die Karte des Gebiets Wesenberg – Fürstenberg zeigt vorwiegend die Farben Blau und Grün: Wasser und Wald dominieren hier. Fast alle Seen stehen untereinander in Verbindung. Die Seen um Wesenberg werden durch die Oberhard-Wasserstraße, auch Kammerkanal genannt, und die Seen um Fürstenberg durch die Havel miteinander verbunden. Wir laufen also in der Fortsetzung der Müritz-Havel-Wasserstraße. Wegen der Bootswanderer ist die Infrastruktur an Gaststätten, Radwegen und Straßen relativ gut. Je eine Stadt steht am Beginn und am Ende der Tour.

INFO ZUR TOUR

Tourencharakter:
Eine maßvolle, vorwiegend schattige Wanderung auf kleinen Asphaltstraßen oder Radwegen, die immer wieder Ausblicke auf Seen oder die Havel gestatten.

Weglänge: 13 km; bis Fürstenberg 16 km.

Gesamtgehzeit:
3–4 Std.; bis Fürstenberg 4–5 Std.

Anstiege: Ca. 70 m, verteilt auf fünf Etappen.

Markierung:
Von Strasen bis Großmenow blau, zuletzt grün.
Von Steinhavelmühle nach Fürstenberg blau.

Die Kirche von Strasen: ein Bauernhaus?

Land der hundert Seen

Wenn Sie am Morgen *St. Marien* in **Wesenberg** besuchen (siehe »Der besondere Tip«), so ist das ein guter kultureller Auftakt für die Tour. Wenn Sie gar an einem Sonntag dem Gottesdienst beiwohnen, erleben Sie die alte Architektur in ihrer Bestimmung.

Nachdem wir die 6 Kilometer nach **Wustrow** mit dem Taxi zurückgelegt haben, verlassen wir den Ort in Richtung Süden. Die Straße nach Canow biegt rechts ab, während wir geradeaus und dann in einer großen Linksschleife auf

Wesenberg, St. Marien: Glasmalerei

Wustrow über dem Plätlinsee

einer Nebenstraße wandern. Dabei können wir über das Südende des *Plätlinsees* einen schönen Blick auf Wustrow werfen. Wir überschreiten zwei Moränenhügel und kommen so in wechselndem Auf und Ab nach **Strasen**.

Am Ortsbeginn befindet sich links die letzte Einkehrmöglichkeit bis Steinförde (8 km). In Strasen laufen wir genau geradeaus durch das Dorf. Trotzdem sollten wir einmal links kurz an den Fuß des Kirchhügels hinuntergehen, um den Fachwerkbau der kleinen Kirche, die eher wie ein Bauernhaus wirkt, anzuschauen.

Am Dorfende überqueren wir die *Havel*, die hier vom *Plätlinsee* in den *Ellbogensee* fließt. Die Mecklenburger haben oft originelle Namen in ihrer Topographie. So gibt es in der Nähe des Tollensesees (Gebiet der Tour 15) ein Dorf namens *Siehdichum*, am Plauer See die Orte *Zuruf* und *Adamshoffnung*, in Güstrow eine *Armesünderstraße* und weiter draußen das Dorf *Schabernack*.

In einer Linksbiegung kommen wir in den *Fürstenberger Weg*. Wir halten uns nun immer an den Radwegweiser »Großmenow«. Der neu angelegte Radweg

Der idyllische Menowsee

Auf einen Blick

Ausgangsort, Ausgangspunkt:
Wustrow, Ortsausgang Süd. Bis Wesenberg mit der Bahn von Mirow oder Neustrelitz (in beiden Fällen ab 9.10 Uhr, 2-Stunden-Takt). Von Wesenberg bis Wustrow mit Taxi, Tel. (039832) 20335, 20437.

Zielort:
Steinhavelmühle. Von hier mit Bus Di. bis Do. 15.52 Uhr oder von *Haveleck* mit Taxi, Tel. (033093) 38240, 38088 nach Fürstenberg.

Gehzeiten:
Wustrow – Großmenow 2 Std.; Großmenow – Steinhavelmühle 1½ Std.

Einkehr:
Wustrow: Restaurant »Waldlust«; Gasthaus »Zum Plätlin«. • *Strasen:* Restaurant und Eiscafé. • *Steinförde:* »Haveleck«.

Unterkunft:
4 km südlich Wesenberg: Pension »Johannesruh«. • *Fürstenberg:* Fünf Hotels und mehrere Pensionen, z.B. »Freizeithotel«, Tel. (033093) 37997, ferner Tel. 39069, 39012, 37349, 32007 und 32682. Das Info-Büro am Bahnhof vermittelt 15 Vermieter.

Bademöglichkeit:
Wustrow: Plätlinsee. • *Strasen:* Großer Pälitzsee. • *Großmenow:* Campingplatz am Ellbogensee. • *Fürstenberg:* Röblinsee.

Sehens- und Wissenswertes:
Wesenberg: *Stadtkirche St. Marien*, Feldsteinchor (um 1300), Langhaus (14. Jh.), Kanzel (1711), Orgel (1714), Patronatsgestühl (17. Jh.).
Fürstenberg: *Schloß* mit reichem Rokokostuck und *Schloßpark*.

Alternativen für schlechtes Wetter:
Besuch von *Wesenberg*; Burgmuseum, St. Marien.

Auskunft:
Wesenberg: Siehe Tour 11. • 16798 *Fürstenberg:* Infobüro am Bahnhof, Tel. (033093) 32254, Mo. bis Fr. 9–17.30 Uhr, Sa. 9.30–14 Uhr.

Karten:
Wander- und Freizeitkarte Müritz-Nationalpark, 1:75000, Nordland-Verlag, Schwerin. • TK 50 (AS), Blatt-Nrn. 98-B (Mirow) und 99-A (Fürstenberg).

Der besondere Tip

Ob Sie mit der Bahn oder dem Auto nach Wesenberg fahren oder hier im Anschluß an Tour 11 übernachtet haben – am frühen Vormittag sollten Sie das Innere von St. Marien besichtigen, ehe Sie auf Wanderschaft gehen. Die Kirche ist Montag bis Freitag von 10 bis 11 Uhr geöffnet; wer sie am Ende der Tour 11 besuchen will, hat dazu Montag bis Donnerstag von 14.30 bis 15.30 Uhr Gelegenheit; sonntags ist um 10 Uhr Gottesdienst. Vor der Kirche empfängt Sie eine 700 Jahre alte Linde. Im Gotteshaus beeindrucken das Langhaus mit seinem Kreuzrippengewölbe aus dem 14. Jahrhundert, die Kanzel (1711) und die Orgel, die 1714 aus Berlin hierher gebracht wurde. Vom Feldsteinchor um 1300 bis zur Glasmalerei von 1951 – ein weiter historischer Bogen.

läßt sich gut begehen; Radfahrer kommen nur gelegentlich. Man genießt den festen Untergrund um so mehr, wenn man nebenan den alten Sandweg sieht, durch den wir uns sonst hätten quälen müssen.

Nachdem wir 1 Kilometer entlang einer Allee und 3 Kilometer im Wald gelaufen sind, folgen wir dem Radwegweiser »Großer Boberowsee 1,0«, obwohl dieser Name auf keiner Karte vermerkt ist. Dann kommen wir am *Ellbogensee* und seinem Campingplatz vorbei und in die Häuseransammlung **Großmenow**.

Da die Havel bei Kleinmenow wegen des Schiffsverkehrs nicht überbrückt ist, folgen wir im Dorf der neuen Asphaltstraße halb rechts hinauf. Die Straße steigt immer wieder leicht an, denn links von uns befindet sich eine Erhebung mit der für Mecklenburg stolzen Höhe von 92,6 Metern. Noch einmal sehen wir Wasser: Links liegt der malerische *Menowsee*. Schließlich kommen wir nach **Steinförde**, wo es wieder eine Einkehrmöglichkeit im *»Haveleck«* gibt.

Entlang einer Allee laufen wir noch 1½ Stunden bis **Steinhavelmühle**, wo unsere Wanderung endet. Dienstag, Mittwoch und Donnerstag fährt von hier vor 16 Uhr der Bus nach Fürstenberg. Sollten wir an einem anderen Wochentag unterwegs sein oder die Zeit nicht geschafft haben, können wir schon vorher im »Haveleck« ein Taxi aus Fürstenberg bestellen (siehe »Zielort«). Wer gut zu Fuß ist, kann an die bisherigen 13 Kilometer noch 3 anhängen, indem er ungefähr 700 Meter hinter Steinhavelmühle die Straße nach rechts auf einem Fußweg verläßt und in einer Dreiviertelstunde vorbei am *Röblinsee* und dem Campingplatz ins Stadtinnere läuft.

In **Fürstenberg** angekommen, sollten wir die Stadt einer Visite unterziehen. Nähere Angaben dazu finden Sie unter »Sehens- und Wissenwertes«.

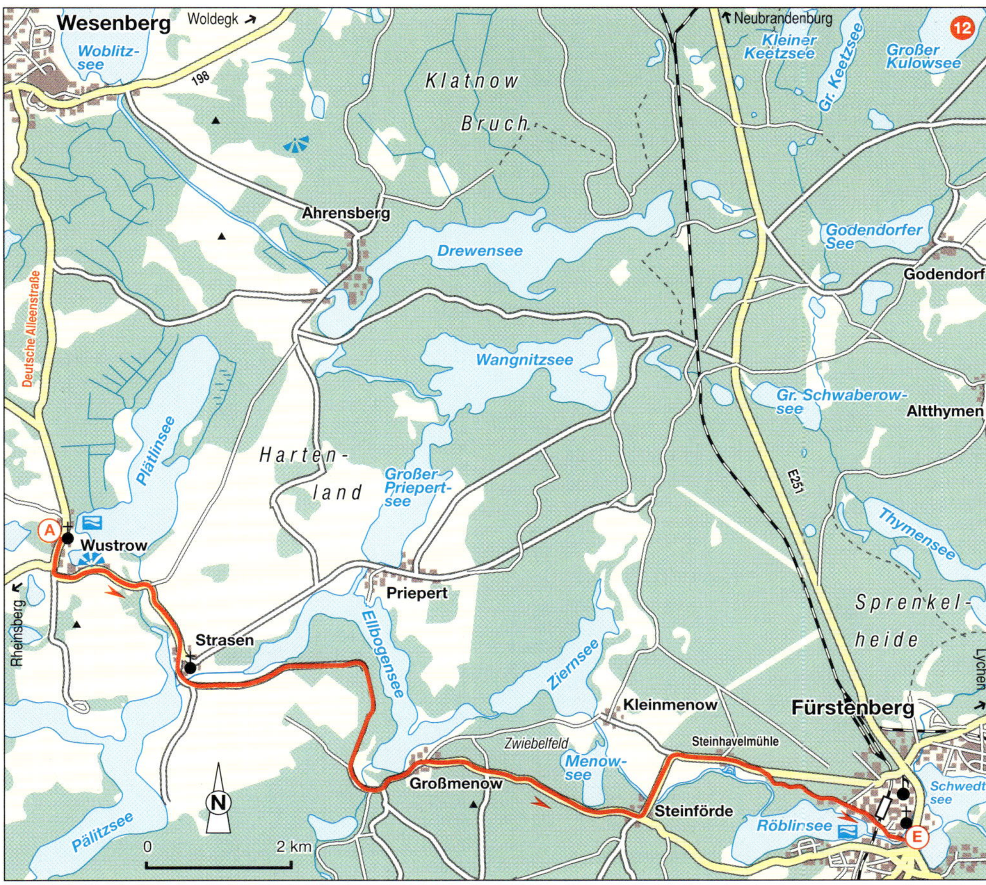

13 FÜRSTENBERG – NEUSTRELITZ

Diese längere Wanderung führt abwechselnd durch Wald, offene Fluren, am Rand des Müritz-Nationalparks und an einer Reihe Seen entlang. Die viele Natur unterwegs wird eingerahmt von historischer Spannweite. Am Anfang steht der Besuch der Mahn- und Gedenkstätte Ravensbrück, der uns mit den Greueln der Nazizeit und des einseitigen Gedenkens durch die DDR konfrontiert. Am Ende dagegen, als versöhnliches Erinnern an friedlichere Zeiten, erwartet uns die Parkkultur der Residenz Neustrelitz mit Götterallee, Hebetempel und Orangerie-Restaurant.

INFO ZUR TOUR

Tourencharakter:
Im allgemeinen schattige Waldwanderung, im Anfang auf Nebenstraße, dann viel auf mehr oder weniger festem Sand. Drei Dörfer und fünf Seen liegen am oder neben dem Weg.

Weglänge: 19 km.

Gesamtgehzeit: 5 Std.

Anstiege: 70 m, verteilt auf viele Etappen.

Markierung:
Bei Godendorf grün; Fürstensee – Domjuch Tannensymbol; viele Ww.

Schloß und Park von Fürstenberg

Schilfufer am Domjüchsee

Statuen am Rand des Schloßparks

Die Orangerie von Neustrelitz

Vom alten Adel blieben nur die Namen

Die Ortsnamen in der Umgebung der ehemaligen Residenzstadt Neustrelitz haben 40 Jahre DDR-Ideologie überstanden: Am Morgen brechen wir in **Fürstenberg** auf, östlich von unserem Weg liegen *Carolinenhof* und die *Comthurey*, und unterwegs kommen wir durch *Fürstensee*.

Das Rathaus von Neustrelitz

Das noble Orangerie-Restaurant

Der Wanderung vorangeschaltet wird ein Besuch der Mahn- und Gedenkstätte des ehemaligen Frauen-KZ Ravensbrück. Dann kommen wir an Kasernen vorbei. Das sind eigentlich Dinge, die Wanderer nicht gerade suchen. Aber sie gehören zum Zeitverständnis, und wenn man eine Landschaft auch historisch erleben will, sollte man nicht die Augen vor den Untaten der »braunen Zeit« und ihrer verheerenden Folgen verschließen. Bis zur Mahn- und Gedenkstätte Ravensbrück kann man u.U. das Taxi bemühen. Die Wanderung endet in Altstrelitz, von wo Busverbindung in das 6 Kilometer entfernte Neustrelitz besteht. Nach dem Besuch der Mahn- und Gedenkstätte **Ravensbrück** gehen wir zur Abzweigung zurück und verfolgen die dicht befahrene Straße nach *Lychen* über die große Brücke, welche die Bahnlinie überquert. Nach der Brücke und den Kasernen zweigt links die Straße nach *Altthymen* ab.

Hier beginnt im Grunde unsere Wanderung. Es ist wieder eine Allee im Wald, ganz still, trotz des Asphaltbelages. Links können wir zwischen den Bäumen den geschützten *Thymensee* sehen. Vorbei an der Försterei kommen wir nach **Altthymen**.

☞ AUF EINEN BLICK

Ausgangsort, Ausgangspunkt:
Fürstenberg-Ravensbrück, Mahn- und Gedenkstätte. Hierher u.U. mit dem Taxi von Fürstenberg, um 2 km Straße einzusparen, Tel. (033093) 38240.

Zielort:
Neustrelitz. Hierher mit dem Bus von Altstrelitz (6 km).

Gehzeiten:
Fürstenberg – Godendorf 2 Std.; Godendorf – Fürstensee 1¾ Std.; Fürstensee – Altstrelitz 1¼ Std.

Abkürzung:
Ab Fürstensee fährt an Schultagen mittags der Schulbus nach Neustrelitz.

Einkehr: *Fürstensee:* »Zur goldenen Wiege«.

Unterkunft:
Neustrelitz: Drei Hotels, z.B. »Louisenhof«, Markt, Tel. (03981) 203404; Privatzimmer durch die Stadtinformation im Rathaus am Markt.

Bademöglichkeit:
Großer Fürstenseer See, Lanzsee (Naturbad), Domjüchsee.

Sehens- und Wissenswertes:
Fürstenberg: Nationale *Mahn- und Gedenkstätte Ravensbrück.*
Neustrelitz: Achtstrahliger *Marktplatz* mit *Stadtkirche* (1768) und *Rathaus* (1841). • *Schloßpark* mit *Orangerie* (1755), *Carolinenpalais* (1850), *Schloßkirche* (neugotisch, 1855), *Hebetempel* (1840), *Luisentempel* (1891). • *Hoftheater.*

Alternativen für schlechtes Wetter:
Besuch von *Fürstenberg* und *Neustrelitz.*

Auskunft:
16798 *Fürstenberg:* Stadtverwaltung, Markt 1, Tel. (033093) 2180. • 17235 *Neustrelitz:* Stadtinformation, Markt 1, Tel. (03981) 253119.

Karten:
Wander- und Freizeitkarte Müritz-Nationalpark, 1:75000, Nordland-Verlag, Schwerin. • TK 50 (AS), Blatt-Nr. 99-A (Fürstenberg/Havel).

Die ausgebrannte Kirche läßt nachvollziehen, daß der Krieg 1945 selbst durch dieses abgelegene Dorf seine Spuren zog. Am Ende des Ortes gehen wir auf Asphalt links über die Brücke. Anschließend folgen wir auf Sand dem Schild »Godendorf 3 km« 200 Meter bis zum Waldrand. An einem alten Grenzpfahl bleiben wir nicht auf dem Hauptweg zur *Schneidermühle*, sondern benutzen halb rechts einen für Autos gesperrten Fahrweg. Wir wandern durch Wald mit Lichtungen, schließlich am Waldrand entlang. In der parkähnlichen Landschaft wird rechts **Godendorf** sichtbar; vor dem Dorf treffen wir wieder auf Asphalt und Wegweiser.

✎ DER BESONDERE TIP

Im Schloßpark von Neustrelitz steht am Nordende der Hauptachse der Hebetempel mit einer Kopie der Hebe von Antonio Canova. Die »Götterallee« mit mehreren barocken Gartenplastiken führt auf die ehemalige Orangerie, heute ein Restaurant der allerfeinsten Art mit Deckengemälden im pompejanischen Stil, Werken von Daniel Christian Rauch, Kronleuchtern usw. Vor dem Nobelrestaurant plätschern Brunnen, dazwischen steht eine Kopie des »betenden Jünglings« aus dem vierten vorchristlichen Jahrhundert – Symbol der Kalokagathie, der inneren und äußeren Menschenschönheit. Dazu wird der Park vom See begleitet, wie in Schwerin und Rheinsberg.

Am Ortsbeginn folgen wir links dem Hinweisschild »Eingangstor Müritz-Nationalpark, Wokuhl, Stern«. Über einen Moränenhügel kommen wir in eine breite Talaue, wo wir links über die *Husarenbrücke* gehen. Nach der Brücke und an einem Waldparkplatz vorbei wandern wir geradeaus auf einer Sandstraße (grün) eine reichliche Stunde durch Wald bis **Fürstensee**. Im Dorf gehen wir geradeaus

Wegweiser an der Husarenbrücke

in leichtem Rechtsbogen zur Autostraße, wo der Gasthof »Zur goldenen Wiege« zu einer verdienten Mittagsrast einlädt.

Nach der Straßenbrücke können wir bei der Infotafel des Nationalparks wählen: entweder auf dem asphaltierten Radweg (kürzer, aber Autos auf der benachbarten Straße) oder dem Tannensymbol folgend, später halb links (300 m länger, sandig, aber still), dann vorbei am *Lanzsee* und am *Domjüchsee* mit Bademöglichkeiten. So oder so – wir kommen nach **Altstrelitz**, wo es vom »Alex« Busverbindung nach **Neustrelitz** gibt.

Den kulturell wertvollen, ausgedehnten *Schloßpark* heben wir uns für den Abend auf. Es ist ein Park ohne Schloß, aber die ehemalige Residenz spürt man auf Schritt und Tritt, auch in der Stadt. Das Schloß hätte sich restaurieren lassen, wurde aber 1945 ganz abgerissen. Der von Christoph Julius Löwe 1732 entworfene Barockgarten und von Lenné 1852 zum Landschaftspark umgestaltete Schloßgarten läßt die einstige Prachtentfaltung ahnen.

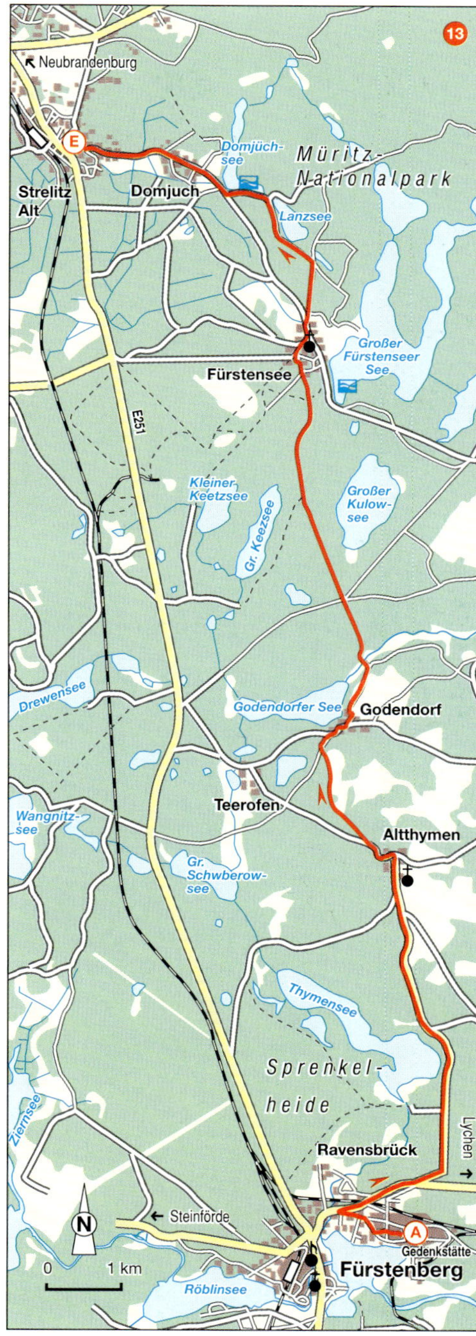

14 SCHMALER UND BREITER LUZIN

Zwar lange, aber angenehme Wanderung, größtenteils an Ufern entlang, mit vielen Badegelegenheiten, vier Aussichtspunkten und in Carwitz auch etwas Kultur. In dieses schön auf einem Moränenzug zwischen drei Seen gelegene Dorf zog sich der Schriftsteller Hans Fallada vor den Nazis in die innere Emigration zurück. Vom 129 Meter hohen Hüttenberg oder dem gar 145 Meter hoch gelegenen Reiherberg hat man gegen Ende der Wanderung einen umfassenden Rundblick über das »Feldberger Seenland«.

INFO ZUR TOUR

Tourencharakter:
Alle Wege sind gut begehbar, in der Umgebung von Wittenhagen auch wenig befahrene Straßen. An schwülen Tagen Insektenschutzmittel mitnehmen, vor allem am Schmalen Luzin.

Weglänge: 21 km.

Gesamtgehzeit: 5 Std.; mit Besichtigungen 6 Std.

Anstiege: 130 m, verteilt auf sechs Etappen.

Markierung:
Bis Carwitz gelb, um den Haussee blau und gelb.

Fachwerkkirche und Glockenstuhl in Carwitz

Rund um Hans Falladas innere Emigration

Das »Feldberger Seenland«, wie der offizielle Name lautet, verdankt seine Entstehung einem Endmoränengürtel, der von der West-Ost-Richtung bei Feldberg in die Südrichtung umbiegt. Geologen nennen das die »Feldberger Endmoränengabel«. Das Gebiet nördlich und östlich der Endmoräne ist eine typische Grundmoränenlandschaft, ein kuppiges Hügelland, das im Reiherberg nördlich des *Haussees* 145 Meter erreicht. Zwischen den Kuppen entstanden später breite Seen, z.B. der **Breite Luzin**. Das Endmoränengebiet selbst ist durch steile Hänge und talartige Mulden gekennzeichnet. Südlich von Feldberg besitzt der Endmoränengürtel eine Unterbrechung. Durch diese Lücke flossen in der Eiszeit die sommerlichen Schmelzwasser nach Süden in das eisfreie Vorland ab. Nach dem Abtauen des Dauerfrostbodens und Toteises in der Nacheiszeit füllte sich diese Rinne mit Wasser: So entstand der **Schmale Luzin**.

Vom *Bahnhof* **Feldberg** wandern wir rechts, an Bahnbetriebsgebäuden vorbei, über einen Buckel geradeaus hinunter zum *Schmalen Luzin*. Unten können wir etwa 4 Kilometer Wasserfläche über-

Der Schmale Luzin

Das ehemalige Wohnhaus Hans Falladas

Grabstein für Hans Fallada

sehen, ein schöner Blick. Rechts führt nun der Uferweg etwa 4 Kilometer nach Carwitz. Es ist ein herrlicher Weg, immer am klaren Wasser entlang, immer im Schatten. Die alten Buchenstämme neigen sich mit ihrem schweren Geäst bis zum Wasser hinab. Mehrfach gibt es Badegelegenheiten.

In **Carwitz** befindet sich noch vor der Kirche links das Grabmal der erst 1991 verstorbenen Frau Hans Falladas. Hier wurde eine *Gedenkstätte für Dietzen Fallada* errichtet. Neben der Kirche steht ein interessanter hölzerner Glockenturm. Am Ortsende schickt uns ein Wegweiser (»Haus Fallada«) nach rechts, und nach einer weiteren Abzweigung rechts stehen wir vor dem ehemaligen Wohnhaus des

Rastplatz am Schmalen Luzin

AUF EINEN BLICK

Ausgangsort, Zielort (Rundtour):
Feldberg, Bahnhof. Hierher mit dem Zug von Neustrelitz-Süd, Abfahrt 8.10 Uhr (2-Stunden-Takt). Rückfahrt nach Neustrelitz ab Feldberg 17.07 Uhr (2-Stunden-Takt).

Gehzeiten:
Feldberg – Carwitz 1½ Std.; Carwitz – Wittenhagen 1½ Std.; Wittenhagen – Hüttenberg – Feldberg 2 Std. (nur um den Haussee 1½ Std.).

Einkehr:
Carwitz: »Mitten in'törp«; Biergarten »Zum Krug«. • *Hullerbusch:* Hotel-Restaurant. • *Feldberg:* Fischgaststätte am Amtsplatz, »Deutsches Haus«, u.a.

Unterkunft:
Feldberg: »Deutsches Haus«, Tel. (039831) 20340; das Verkehrsbüro vermittelt ca. 400 Betten in Privatquartieren. • *Carwitz:* Privatzimmer nach Aushang. • *Hotel Hullerbusch,* Tel. 20243.

Jugendherberge:
JH *Feldberg,* Klinkecken 6, Tel. (039831) 20520, 62 Betten.

Bademöglichkeit:
Schmaler Luzin: Auf 4 km Länge des Uferweges. • *Breiter Luzin:* Feldberger Hütte.

Sehens- und Wissenswertes:
Carwitz: *Fallada-Haus* mit Gedenkstätte, Di. bis So. 10–12, 15–17 Uhr (1996 noch in Restaurierung begriffen). • *Gedenkstätte Dietzen Fallada.* • *Dorfkirche* mit hölzernem Glockenturm und Kanzelaltar (1714).
Feldberg: *Amtshaus* von 1781.

Alternativen für schlechtes Wetter:
Besuch von *Feldberg* und Umwanderung des *Haussees.*

Auskunft:
17258 *Feldberg:* Fremdenverkehrsverein Feldberger Seenlandschaft, Strelitzer Straße 15 A, Tel. (039831) 20343.

Variante:
Ab Feldberger Hütte links am Ufer des Haussees zurück nach Feldberg.

Karte:
TK 50, Blatt L 2746 Feldberg, LVA Schwerin.

Dichters, wohin er sich zurückgezogen hatte, um den Nachstellungen durch die Nazis zu entgehen.

An besagter Weggabelung am Ortsende müssen wir dann nach links gehen (Ww. »Hullerbusch 1,5 km, Wittenhagen 5 km«). 250 Meter danach zweigt nach einer Linkskurve der Naturlehrpfad zum *Hauptmannsberg* ab. Von dem 121 Meter hohen »Gipfel« hat man einen herrlichen Weitblick über den großen *Carwitzer See.* Im Abstieg kommen wir an Lehrtafeln über Pflanzen- und Schmetterlingsarten und mehreren Ausblicken auf den *Zansen* vorbei. Am Waldrand verfolgen wir nicht weiter den »Lehrpfad Hullerbusch«, sondern gehen links vor zum Fahrweg. An der Ecke befindet sich ein gut erhaltenes Herrenhaus, das heute als Hotel des gehobenen Niveaus dient. Ringsum stehen herrliche alte Bäume. In den gepflegten Räumen kann man etwas »Atzung und Gesöff« zu sich nehmen.

Wir gehen nun durch den *Hullerbusch* bis **Wittenhagen**. Am Ortsende begeben wir uns links auf die Alleestraße Richtung »Feldberg«. Die folgende Brücke trennt den Schmalen vom Breiten Luzin. Ehe nach einer Linkskurve am *Sanddorn* die nächste Brücke kommt, die über den *Seerosenkanal* führt, gehen wir rechts zurück (Ww. »Rundweg Haussee«, blau, gelb) und anschließend geradeaus Richtung Campingplatz. Nach 200 Metern biegt links ein Sandweg Richtung Westnordwest ab. Man überschreitet einen

Höhenzug und wandert anschließend auf einem Asphaltsträßchen zwischen Haussee und Breitem Luzin.

Im Ortsteil **Feldberger Hütte** gabelt sich der Weg. Links führt der kürzere Weg am Ufer des Haussees zurück nach Feldberg (Variante). Rechts verläuft der etwa eine Dreiviertelstunde längere, aber lohnendere Weg erst um den *Schloßberg* herum, dann links zurück auf ihn und anschließend auf den 145 Meter hohen *Reiherberg* mit herrlichem Ausblick.

Wer eine zeitsparende Kombination zwischen Ufer und Aussicht sucht, der kann am Badeplatz des Breiten Luzin (rechter Weg) links über einen Pfad auf den 129 Meter hohen *Hüttenberg* steigen, um dort, 45 Meter über dem Wasser stehend, ebenfalls den Blick auf Feldberg zu genießen. Vom Hüttenberg führt ein Pfad hinunter zum (linken) Uferweg.

Beide, Ufer- und Bergweg, verlaufen in einem weiten Bogen nach Süden zum *Ziegenberg*. 50 Meter nachdem man die Straße erreicht hat, führt links ein Fußweg in die Randbezirke von Feldberg. Wer müde ist, geht in der Stadt direkt zum Bahnhof (rechts – links). Wer Feldberg kennenlernen will, spaziert bis zur Kirche und danach rechts hoch zum Bahnhof.

Stadtkirche von Feldberg

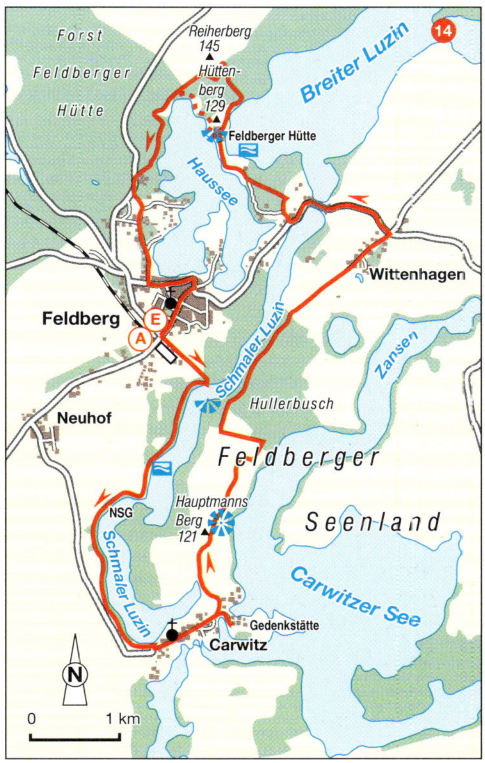

DER BESONDERE TIP

Im Dorf Carwitz sollte man die Hans-Fallada-Gedenkstätte besuchen. Der Autor lebte von 1893 bis 1947. Bekannt geworden sind seine Bücher »Wer einmal aus dem Blechnapf frißt« und »Jeder stirbt für sich allein«. Der Dichter, dessen bürgerlicher Name Rudolf Dietzen war, beschrieb die Nöte und Freuden, Gebrechen und Tugenden der kleinen Leute in der schwierigen Zeit zwischen den beiden Weltkriegen. Sein Roman »Kleiner Mann, was nun?«, der 1932 entstand, wurde verfilmt.

15 NEUSTRELITZ – NEUBRANDENBURG

Auf dieser Wanderung werden viele kulturell sehenswerte Orte mit viel mecklenburgischer Natur verbunden: eine barocke Rundkirche, ein Schloß und vier Tore einer mittelalterlichen Stadtbefestigung einerseits; Wald, Moränen, alte Dörfer und ein großer See andererseits. In Neubrandenburg kann man die Diskrepanz zwischen den mittelalterlichen Befestigungsanlagen und dem Wiederaufbau in DDR-Zeiten nach der totalen Zerstörung durch die Rote Armee im Innern studieren.

INFO ZUR TOUR

Tourencharakter:
Die lange Wanderung führt über sandige Waldwege, wenig befahrene Asphalt-, Platten- oder Schotterstraßen. Zwischen schattige Waldstrecken schieben sich längere sonnige Passagen.

Weglänge:
24 km; Verkürzung auf 12 km möglich.

Gesamtgehzeit:
6 Std.; mit Besichtigungen 7–8 Std.

Anstiege: 95 m, verteilt auf fünf Etappen.

Markierung:
Unterwegs blau und rot, mitunter auch gelb; am Westufer des Tollensesees dichte Markierung; ab Alt Rehse viele Ww.

Wiesenlandschaft bei Weisdin

Kontrastreiche Stadtphysiognomien

Aufgrund der waldlosen Passagen in der Mitte der Tour ist es ratsam, diese am kühleren Vormittag zu durchwandern und die Schloß-, Park- und Stadtbesichtigung von Neustrelitz an das Ende der Tour 13 zu legen. An sonnenarmen Tagen kann man natürlich Neustrelitz durchaus erst am Morgen der Tour 15 besuchen. Der Bus nach Weisdin verläßt Neustrelitz, ZBO am Bahnhof, gegen 9 Uhr (Stundentakt).

Die barocke Rundkirche von Weisdin

In **Weisdin** besichtigen wir das barocke Kleinod der *Rundkirche* (siehe »Der besondere Tip«). Den Schlüssel dazu hat Frau Roßmanneck, Haus Nr. 30, 100 Meter westlich der Kirche links. Da Frau Roßmanneck erst ab 14 Uhr anzutreffen ist, ist eine telefonische Absprache am Tag zuvor notwendig; Tel. (03981) 204589.

Das Treptower Vortor in Neubrandenburg

Nach dem Besuch der Rundkirche gehen wir noch 200 Meter auf der Autostraße Richtung Neustrelitz. Dann zweigt aus einer schwachen Linkskurve der Straße nach rechts ein Fahrweg ab (kein Ww.). Nach 300 Metern führt vor einem blauen Reitwegschild nochmals rechts ein weiterer Fahrweg Richtung Norden. Der schattige Weg verläuft durch eine bewegte Landschaft aus Feldern, Wiesen und Baumgruppen und ist von oft knorrigen Weiden, Akazien und Ahornbäumen gesäumt. An einem Holzstapelplatz stoßen wir auf ein Wegkreuz mit Wegweiser. Wir gehen ein Stück rechts Richtung Blumenholz und nach 100 Metern beim Passieren einer Lichtung links (Ww. »Sandmühle, Hohenzieritz 3,2 km«). Hinter **Sandmühle** erreichen wir eine Autostraße. Im Schatten der Allee laufen wir 1 Kilometer, bis rechts die Straße nach **Hohenzieritz** abzweigt.

Das *Schloß* steht rechts etwas ab von der Straße. Auf dem Weg zu ihm befindet sich eine kleine *Barockkapelle*, der »öffentlichen Gottesverehrung von Carl Herzog von Mecklenburg« gestiftet. Der

Barockkapelle in Hohenzieritz

Barock des Schlosses ist erstaunlich schmucklos. Zehn Pilaster und ein Mittelrisalit mit Dreiecksgiebel und Wappen bilden die Straßenfront. Zwei kleine Kavaliershäuser flankieren das Schloß zu beiden Seiten. Der Blick vom Balkon der Parkseite über den ehemaligen Landschaftspark weit hinaus ins Land ist großartig. Um den Erhalt des Schlosses, das dem Land gehört, bemüht sich ein Förderverein. Hier verstarb 1810 Königin Luise von Preußen; das Sterbezimmer soll wieder hergerichtet werden. Der Landschaftspark, in dem 1992 noch Kühe weideten, ist wieder einigermaßen gepflegt; ein ausgeschilderter Rundwanderweg führt durch ihn.

Am Ortsende von Hohenzieritz laufen wir geradeaus nach Zippelow (Ww.). Zuerst geht es durch eine parkähnliche Landschaft, dann in den Wald. Hier müssen wir uns rechts halten. Hinter **Zippelow** zweigt der Wanderweg rechts ab (blau, rot, Radsymbol). In **Neu Wustrow** wandern wir 150 Meter nach links und dann rechts auf einem Plattenweg hinab nach Wustrow (Ww. »Alt Rehse«, blau, rot).

Hauptachse des Neustrelitzer Schloßparks

Reetgedeckte Häuser in Alt Rehse

AUF EINEN BLICK

Ausgangsort, Ausgangspunkt:
Weisdin, Rundkirche. Hierher mit Bus von Neustrelitz ab 9 Uhr (Stundentakt).

Zielort:
Neubrandenburg. Von hier zurück nach Neustrelitz mit Bahn ab 14.17, 15.19 Uhr (Stundentakt) oder Bus, etwa alle volle Stunde.

Gehzeiten:
Weisdin – Wustrow 3½ Std.; Wustrow – Neubrandenburg 2½ Std.

Abkürzung:
Am Ortsende von Hohenzieritz rechts nach Prillwitz (blau), hier wieder rechts nach Usadel (Bus, Stundentakt in beiden Richtungen); Wegstrecke dann 12 km.

Einkehr:
Hohenzieritz: Kruggehöft. • *Alt Rehse:* Gasthof.

Unterkunft:
Weisdin: Pension am Wiesengrund, Tel. (03981) 204628. • *Neubrandenburg:* Die Information vermittelt 1100 Betten in Hotels und 60 Betten in Privatquartieren. • Unterwegs sieht man in den Dörfern immer wieder »Zimmer frei«.

Jugendherbergen:
Neubrandenburg: Ihlenfelder Straße 73, Tel. (0395) 4225801, 100 Betten. • *Burg Stargard* (10 km südöstlich Neubrandenburg, Bahnstation der Strecke Neubrandenburg – Neustrelitz): Dewitzer Chaussee 3, umgebautes Schloß, Tel. (039603) 20207, 126 Betten.

Bademöglichkeit:
Vor Hohenzieritz, links. • Tollensesee: Wustrow, Gatschek, Neubrandenburg.

Sehens- und Wissenswertes:
Neustrelitz: Siehe Tour 13. **Weisdin:** Barocke *Rundkirche* mit reicher Innenausstattung. **Hohenzieritz:** *Schloß* mit *Landschaftspark*, Sterbeort der Königin Luise von Preußen (1810). **Neubrandenburg:** *Stadtmauer* mit vier *Stadttoren* und *Wiekhäusern*. • *Kirche St. Marien* (1298, Blendmaßwerk in der Ostfassade).

Alternativen für schlechtes Wetter:
Besuch von *Neustrelitz* und *Neubrandenburg*.

Auskunft:
17033 *Neubrandenburg:* Tourist-Information, Turmstraße 11, Tel. (0395) 19433, Mo. bis Fr. 9–18 Uhr, Sa. 10–12 Uhr. • *Landverkehr Neubrandenburg*, Tel. 4567537.

Karte:
TK 50, Blatt-Nr. L 2544 (Neubrandenburg), LVA Schwerin.

In **Wustrow** begeben wir uns nach links auf einen Fahrweg, später auf eine holprige Straße nach **Alt Rehse** (Ww.).

Die reetgedeckten Fachwerkhäuser wirken auf den ersten Blick sehr fotogen. Wenn man aber erfährt, daß sie 1935 (»im Jahr 3«) im Auftrag der »Führerschule der deutschen Ärzteschaft« errichtet wurden, die gleich auch das ganze Dorf kaufte, um hier an die tausend Mediziner »ethnisch zu festigen« und dann zu Sterilisationen in die KZs zu schicken, dann erschauert der Wanderer, der sich des heutigen Dorfbildes erfreuen will.

Schloß und Schloßpark wurden im Krieg von der SS belegt und in der DDR von der NVA übernommen, die hier ein Bunkersystem für den »Ernstfall« (dritter Weltkrieg) errichtete. Das alles könnte man angesichts der Dorfidylle vergessen, wenn die Nachwirkungen nicht bis heute weiterschwelen würden. Denn während sich die Dorfbewohner im Schloß ein Reha-Zentrum wünschen, hat jetzt eine Kölner Ärztevereinigung Besitzanspruch gleich wieder auf das ganze Dorf erhoben! Das einzige, was den Dorfbewohnern wirklich gehört, ist im Augenblick der Friedhof um die schöne Kirche mit ihrem Fachwerk über den Feldsteinen. Fragen Sie Einwohner nach der jüngsten Vergangenheit – nur so kann man die Landschaft mit der Geschichte in Einklang bringen, auch wenn es weh tut.

Wir gehen ganz durch das Dorf hindurch. Vor einer Scheune wenden wir uns 50 Meter nach links und dann wieder rechts (viele Ww., u.a. »Tollensesee Rundweg, Rad«). Auf einen Plattenweg folgt eine schöne Allee (gelb, rot), die nach **Meiershof** führt.

Von da bringt uns ein dicht markierter, breiter Weg am Westufer des *Tollensesees* zum 9 Kilometer entfernten Neubrandenburg. Zum Schluß wandern wir halb

DER BESONDERE TIP

Die oktogonale Rundkirche in Weisdin ließ Gotthard K.F. von Pickatell, der letzte Erbherr des mecklenburgischen Vasallengeschlechts derer von Peccatal, von 1747 bis 1749 erbauen. Rundkirchen gab es im Barock gelegentlich. Im Prinzip aber widersprechen sie dem traditionellen Kirchenbau. So steht in Weisdin der Altar im Westen, der Eingang ist im Osten, und die Kanzel ist über den Altar gebaut. Die Flächen rechts und links neben dem Altar nehmen die Fürstenlogen ein. Sie sind in Rot und Blau gehalten. Im Innern herrscht strenge Symmetrie, sogar im Wappenfries.

rechts zum Ufer, wo ein 2 Kilometer langer Strand mit Badebetrieb und schönem Sand, Kiosken, Bootsverleih und Yachtclubs eine ähnliche Atmosphäre schafft wie am Schweriner, Plauer oder Müritzsee. Durch das *Stargarder Tor* betreten wir die Reißbrettstadt **Neubrandenburg**.

Ein anschließender Gang rund um sie entlang der Stadtbefestigungen mit ihren Wiekhäusern stellt den Kontakt zur Geschichte wieder her. Die *Wiekhäuser* sind ehemalige Wohnhäuser der Wachmannschaften auf der Stadtmauer. Heute sind sie mit ihren schönen Fachwerkkonstruktionen frisch restauriert. Alle Tore führen in die Innenstadt, die bis auf die *Marienkirche* nur aus Neubauten besteht. Sie wurde in den sechziger Jahren entworfen, als Hochbauten und große Plätze der Bezirkshauptstadt zu quasi-großstädtischem Image verhelfen sollten. Jetzt haben Baumbepflanzungen die einst gähnende Leere des Zentralen Platzes aufgelockert. Immerhin hat Neubrandenburg heute 91 000 Einwohner.

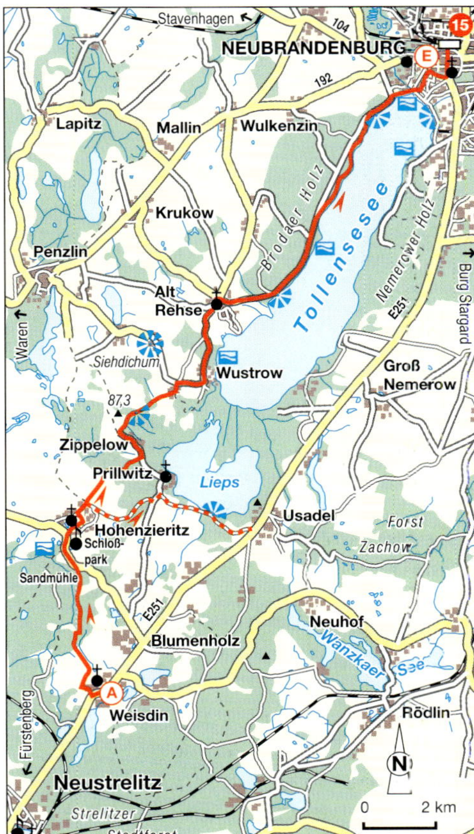

REGISTER

Kursive Seitenzahlen verweisen auf Abbildungen